悠而优 幼儿园发展系列

U0695649

向悠而行

幼儿园生态化发展探索

周　洁 / 著

东北师范大学出版社

长　春

图书在版编目（CIP）数据

向悠而行：幼儿园生态化发展探索 / 周洁著. —
长春：东北师范大学出版社，2020.7
ISBN 978-7-5681-7039-0

Ⅰ . ①向… Ⅱ . ①周… Ⅲ . ①幼儿园—管理—研究
Ⅳ . ①G617

中国版本图书馆CIP数据核字（2020）第139381号

□策划创意：刘　鹏

□责任编辑：徐小红　沈　佳　　□封面设计：姜　龙

□责任校对：刘彦妮　张小娅　　□责任印制：许　冰

东北师范大学出版社出版发行

长春净月经济开发区金宝街 118 号（邮政编码：130117）

电话：0431-84568115

网址：http：// www.nenup.com

北京言之凿文化发展有限公司设计部制版

北京政采印刷服务有限公司印装

北京市中关村科技园区通州园金桥科技产业基地环科中路 17 号（邮编：101102）

2022年6月第1版　　2024年1月第2次印刷

幅面尺寸：170mm×240mm　印张：11.5　字数：179千

定价：65.00元

前　言

四"于"之说

一、迫于外

有人把教师职业发展模式分为三类：任务型、学习型和发展型，与之对照，我可能属于任务型吧。《向悠而行：幼儿园生态化发展探索》的姗姗来迟，就是一个印证。

因大家的支持与信赖，我连续两届担任广东省园长工作室主持人。广东省园长工作室项目属于广东省"强师工程"项目，由省级中小学教师发展中心进行业务管理和指导。记得在2015年第一届园长工作室启动大会上，各级领导对工作室主持人寄予了厚望：希望在不断创新工作室的培养模式中，通过结对帮扶、辐射带动、培训交流、课题研究等活动，促进主持人形成教育教学或办学思想。组委会还专门为我们每个人准备了往届中小学工作室主持人的系列丛书，让我们效仿学习，从书中可看到各位校长从不同角度阐述了自己的办学理念及如何创新工作室培养模式。我钦佩这些榜样的能力，也为自己将要面临的任务而惴惴不安。2018年3月，第一届园长工作室工作届满结束，发展中心虽未将专著出版列入硬性考核指标，但相比同期几位园长主持人的工作，我在佩服之余，也愧于自己没能很好地完成本项任务，有负组织寄予我的期望与重托，幸运的是第二届园长工作室的平台给了我弥补的机会。

这些年我努力地向前辈靠拢，试图形成自己的教学与管理风格，凝练出自身的教育教学或办学思想，由于能力平平、积累有限，我绞尽脑汁东拼西凑了这些文字，希望大家能从这本小册子的思想层次脉络与实质内容中，看出我教学及办学思想的雏形，也当作我向广东省中小学教师发展中心交了一份作业，算是了结了这笔任务债。

二、始于情

在整理书稿的初期，我接触到美国作家蕾切尔·卡逊（Rachel Carson，1907—1964）的《寂静的春天》。这本书如同星星之火燃起现代人的环境保护意识，并引发全球环境保护运动，被誉为世界环境保护史里程碑式的著作。捧读这本抹茶绿封面的书，仅书名就让我心生悲戚：春天的画面应是鸟语花香、万物生长，何时寂寥静默了呢……我害怕孩子们将来失去这美妙的时节，一种保护生态环境的使命感在我心里油然而生，于是我急切地想写下我的所知、所想、所为，想告诉孩子们或更多人，春天的种子就在每个人心里。

准备书稿的日子是忙乱而充实的，我忙里偷闲地梳理散乱的头绪、整理零散的资料。在这样的忙碌中，"生态园"的景致散发着清新迷人的光彩，"悠而优"的目标越发清晰起来，而"悠时光"的惬意更是令人神往。我迫切地想在实践中去尝试，常常会有时不我待的感觉。平日里与教师们总是有谈不完的教育话题，我甚至认为幼儿园的孩子们都离不开我，因为我还有好多春天的故事没有讲完，好多欢快的游戏没有做完。我还要带着孩子们去赏花踏浪、堆雪人……每个季节总是让我陶醉与期待，我还想着我的人生才刚刚开始。我美美构思着我的下一个教育方案，名字我都取好了，就叫"一个也不能少"。是的，和孩子、教师们一起，"一个也不能少"地共度美好"悠时光"。

三、成于行

如羽化成蝶，任何华丽的转型必定要经历无数的磨砺与蜕变。"化"是一种动态呈现，生态化发展体现了转化为生态性质或状态的行动过程，而生态型幼儿园是指具有生态性质与内涵的发展样式或类型的幼儿园，是生态化的必然结果。因此，实现生态型的蜕变需要以切实的行动来完成，如此才能进入"悠"的境界而获得思想的升华。正如王阳明所说："知者行之始，行者知之成。知行合一时才谓为真知。"

（一）何以"化"

科技的日新月异与自然环境的变迁，影响着人类社会的发展，幼儿园作为教育机构，在社会组织系统中同样受到外部环境变化的挑战。我已从教三十多年，自2015年以来，我担任园长一职已有五年，正处于管理的职业倦怠期，面对外界的挑战与内心的无助，我渴望有一束光能指引我不断前行。

在人类物质社会急剧膨胀的境况下，生态学研究被赋予了哲学层面的社会意义，人们逐步形成认识自然与社会的合适的思维方式。在大家的期待与不自觉中，生态时代以不可阻挡的步伐来到世人面前，生态文明如黑夜中闪烁的繁星，照亮每个人混沌的世界。

教育是社会发展的必然结果，也是推动社会发展的重要因素，这也意味着在社会生态文明的建设与发展进程中，首先需要教育思想的变革。于是，我在2015年园长工作室确定研究问题时，把促进幼儿园生态化发展作为研究方向，试图借助生态思想与观点来指导组织管理理念的变革，积极运用生态学原理及方法，观照与指导教育实践，以"悠而优"的办学理念，促进幼儿园生态化发展，构筑富含生态意蕴的生态型幼儿园。

构建生态型园所道长路远，"路漫漫其修远兮，吾将上下而求索"。

（二）以何"悠"

在《说文解字》中记载，"悠"，忧也。从心，攸声。本义为动词，意为老人拄杖小心缓行。后用作形容词，如悠然自在、悠远、悠扬等。在本书中，"悠"取自信从容、轻盈自在、悠然豁达之意。

《向悠而行：幼儿园生态化发展探索》一书，记录了以培养生态文明人为核心，以三年"幼时光"成就一生"悠时光"为使命，运用生态学理论及生态思想与观点，改善内部组织机制与优化内部生态环境，推动幼儿园生态化发展的实践经验与做法。

全书分为"念""行""悟"三大部分，呈现从理念萌发到实践运用及反思感悟的全过程。第一部分溯源"悠"及其生态内涵；第二部分陈述了在生态思想的引导下"向悠而行"的实践探索活动，主要包括幼儿园文化建设、团队打造、课程开发、共育模式等内容；第三部分以叙事性笔记为主体内容，分为"不言之教"和"无为之益"两个篇章。这些笔记是我在学习与生活、教育与管理实践中的思考与体悟，之所以将这些零散的笔记加入其中，是因为我受益于它。这些文字不仅记录了我在推进幼儿园生态化实践中的行动线索，还让我飞扬的思绪沉淀下来，帮助我重构教育经验，从而加深对实践内涵的理解。

这些年，我一边实践一边准备素材，越发感觉任何华丽的转型，不仅仅需要完美、宏观的构想，更需要这些看似散乱平淡的事件、无用甚至并非适宜的行为，所以将这些片言只语记录下来，并将之真实呈现，以期带给诸位更多的启发。

您若问我：何以"化"，以何"悠"？这本书就是我给出的答案。

四、化于心

万千世界浩瀚无穷，生态学研究博大精深。从生态系统的概念言之，本书未能涉及组织发展与教育资源分布、教育与环境的相互关系等宏观层面的研究，书中主要涉及的是幼儿园微观系统中生态理念实践，只能说是幼儿园内部组织与管理中区域性生态化的点状呈现，可以说是挂一漏万。回看所写不禁汗颜，确有自不量力之感，唯恐扰了读者们的心思，那就当是抛砖引玉吧。唯亟待收获更多的诤言良策，促使我在推进幼儿园生态化发展与构筑生态型幼儿园进程中做出更为有效的探索。

笔落于此，如果说四年前我还纠结于自己的未了之事，而今已是时过境迁，我心境坦然，有时竟有些得意忘形，只缘"悠"化于心矣。正可谓："两岸猿声啼不住，轻舟已过万重山。"

这些年，我特别感恩我的工作室伙伴、我的老师、我的同事、我的家人，以及所有给予我关心与帮助的人，感激各级教育与行政部门的鼎力支持。感激之情，无以言表；拳拳之心，明月可鉴！

以此书献给我至亲、至爱、至敬的人！

于鹅城不二轩
己亥年桂月
（2019年8月）

目 录

第一篇 念

第二篇 行

第四章　共育之场——共育模式 \ 109

第三篇　悟

第一章　不言之教 \ 128

第二章　无为之益 \ 148

第一篇

念

第一章
悠之缘起
1

一念之间（日记）

2015年9月25日（星期五）

　　阳台上的洗衣机发出完工的鸣笛，我走出阳台，月色早已洒落一地。已近中秋，天也有些微微的凉意，不知从谁家窗户飘出软软的昆曲。我打开洗衣机桶盖，慢悠悠地开始晾衣物，抖动衣物的"哗啦"声回响在清凉的空气里。

　　"悠时光，就叫悠时光吧……"我不由喃喃自语起来。这几天我正在思考园长工作室公众号冠名的事，工作室的几位成员也相继出点子，琢磨着取个什么样的名字才更贴近工作室的创办宗旨，才更符合现代教育观与儿童观。

第一届园长工作室学员合影

此刻，2015年9月25日的月亮之下，一念之间"悠时光"如风似影闪过，我觉着这个名字再合适不过了。

悠，是一种自然从容的节律，"悠"在《说文解字》中本义为老人拄杖缓慢而行，说明了因个体生理自然规律而表现出来的缓、慢的行为状态；后又引申为悠远之意。我们的教育何尝不需要这样呢？叶圣陶先生说过："教育是农业而不是工业。"教育需要顺应自然时节，合乎内在规律，需要教师以自然从容的节律实施慢教育、悠教育。

悠，是一种轻盈自在的灵动，如山间欢唱的溪水，晶莹剔透、活泼轻快，正如诗人刘禹锡所说："水，至清、尽美……"，这正是天真无邪、机灵纯真的孩童的写照。

悠，是一种心旷神怡的豁达。教育是一件清苦的差事，它既需要不舍昼夜的积极入世态度，更需要无争忘我的出世境界。陶渊明为我们描绘了"采菊东篱下，悠然见南山。山气日夕佳，飞鸟相与还"的真情妙趣，真是"此中有真意，欲辨已忘言"。

就这样，"悠时光园长工作室"在2015年9月25日的月色里悠然而至。

再次邂逅

在各级行政及教育部门的支持下，在同事及学员们的帮助下，2018年，我再次担任广东省园长工作室主持人。虽然工作室学员重新调整，新的工作也重新开始，但当初的"悠时光"已深深烙印在我脑中，挥之不去。在新一轮工作室启动会上，我再次诠释了"悠"的含义。

世界儿童问题首脑会议发布了《儿童生存、保护和发展世界宣言》，其中这样表述："儿童时代应该是欢乐、和平、游戏、学习和生长的时代，他们的未来应该在和谐和合作之中形成。"这也告诉我们，作为幼教工作者要时时思考什么样的生活将影响幼儿的未来或一生。三年的幼儿园生活对幼儿的一生来说并不长，却是幼儿人生发展的重要奠基阶段，所以，让三年"幼

第二届园长工作室学员合影

时光"成就幼儿一生"悠时光"，是我们的责任与使命。

近年来，《国家中长期教育改革和发展规划纲要（2010—2020年）》《国务院关于当前发展学前教育的若干意见》《幼儿园教师专业标准》《3—6岁儿童学习与发展指南》等纲领性文件相继颁发，和谐发展、自主创新、生态文明等观念不断深入人心，这为我国学前教育发展革新指明了方向。

学员集中研修

这些年，惠州市机关幼儿园尝试以生态思想为指导，积极寻求组织管理理念的变革，从教育生态学的角度全面审视幼儿园组织与管理，在教育实践中借鉴与运用生态学原理、法则，不断探索幼儿园生态化发展路径，实现管理方式的转变、教育理念的转变、教育模式的转变，以成就幼儿一生"悠时光"。

应运而生

一、外部环境变化的催生

社会生态学研究表明，社会组织发展受到外部环境系统和内部环境系统相互作用的影响，幼儿园作为社会机构，是整个社会组织系统的一部分。同样，幼儿园的发展也受到外部环境与内部环境相互作用的影响。外部环境主要指国家政策、纲要精神、区域文化、经济发展水平及社区家长资源等；内部环境指幼儿园内部从精神、物质到制度的所有环境。在社会竞争日益激烈的外部环境条件下，园长如果不能理性地处理好内外环境的忧患，就很难充分整合内外部资源，抓住稍纵即逝的发展机遇。

可见，外部环境的变化促使园长及管理者生态意识的觉醒，要求园长在教育管理与实践中积极营造良好的组织生态氛围，不断调整园所发展战略及生态元素平衡，在认识水平、掌握信息、处事能力等方面，全过程主导幼儿园发展战略实施，让幼儿园发展处于良性的社会生态系统中，使幼儿园内部与外部组织系统达到有机运行的状态。

二、内部角色变革的需要

"角色"一词最早用于戏剧，原意指演员扮演的戏剧中的人物，后被广泛运用于社会心理学中，而成为社会一个基本概念范畴。社会学研究表明，人所扮演的角色不是固定不变的，而是根据社会特有环境和客观需求不断变化的，是多种角色相互作用下所形成的错综复杂的"角色丛"，相互间表现为一种动态平衡，当然，校长（园长）角色也不例外。根据国内外关于校长（园长）角色的定性与研究，校长（园长）角色的演变经历了从监督者、保护者、经营者、服务者到协调者等不断演化与调适的过程，从校长（园长）角色的演变史中，我们不难看出，人们对"和谐共生"的深层次理解与追求，它折射出教育

管理发展的新思维。

2019年4月28日，中国北京世界园艺博览会盛大开幕，这是我国践行"绿水青山就是金山银山"理念，建设美丽中国的重大行动。开幕式上，习总书记做了精彩发言："取之有度、用之有节是生态文明的真谛，我们要敬畏自然、珍爱地球，树立绿色、低碳、持续发展理念，中国愿同各国一道共同建设美丽地球家园，共同构建人类命运共同体。"

在人类社会文明进程中，在全面倡导建设美丽中国的大背景下，角色的变革趋势及社会发展新要求，迫使校长（园长）角色中富含生态基因，以适应当今社会进步与教育改革发展的需要，如此才能真正担负起新时代赋予每个人的角色与使命。

2015年，教育部颁布的《幼儿园园长专业标准》：明确了"引领发展"是园长角色的定位，园长作为幼儿园改革与发展的带头人，担负着引领幼儿园和教师发展的重任。因此，园长实现与生态时代精神相符合的角色转变，关乎园所的创新与发展，关乎教育改革的成败，关乎社会生态文明建设乃至美好和谐未来的构建。

悠之美好，心之所向，虽道长路远，但行则将至。

[1]李季湄，肖湘宁.幼儿园教育［M］.北京：北京师范大学出版社，1997.

[2]王小英.幼儿园园长的三种角色与六项专业职责：对《幼儿园园长专业标准》内容框架的解读术［J］.幼儿教育·教育科学，2015（10）.

[3]郑娟霞.幼儿园文化建设中园长角色的叙事研究：以L园长为例［D］.兰州：西北师范大学，2015.

第二章 悠之意蕴 2

《辞海》对"理念"的释义有两点：一是"看法、思想、思维活动的结果"；二是"理论、观念，通常指思想"。恩格斯说过："推动人去从事活动的一切，都要通过人的头脑，甚至吃喝也是由于通过头脑感觉到饥渴引起的，同样通过头脑感觉到饱足而停止。"他认为，人类行为的先导是思想，人类的行为受人类思想支配。

随着人类社会的进步与发展，组织的健康发展呼唤组织管理理念的变革。幼儿园作为教育机构，在社会组织系统中同样也受到极具变化的外部环境条件的挑战，要解决幼儿园的组织与发展问题，必须从深层次上刷新办学理念。作为幼儿园组织与管理的核心——园长，其办学思想影响着幼儿园工作的全局，决定着幼儿园的发展前景，园长是否具有先进的办学思想是办园成功与否的关键。本章"悠之意蕴"以国家政策、法规纲要的精神为指引，由"悠"管理、"悠"发展、"悠"教育、"悠"学习四个方面聚合为"悠之意蕴"，是"悠而优"办学思想的核心内容。

"悠"管理——自治

早在先秦时代，我国古人就提出了自治的思想主张。《道德经》第十七章讲："悠兮贵其言，功成事遂，百姓皆谓我自然。"描述了人在没有外界指令与约束下，自然而然地就能把事情圆满完成的理想状态，其中，"我自然"就是现代自治思想的生动表述。"悠"管理以"自治"为思想内核，实现"悠"管理需要从调整园长角色定位开始，运用生态学原理与法则，施行恰当的管理方法与教育手段，建立系统的组织管理激励机制，使其各组织之间及组织内部处于富有生机的运行状态。

一、园长角色重塑

当今时代信息的快速更替与教育生态环境的急剧变化，给学前教育发展带来前所未有的挑战与机遇，园长是"知"与"行"的桥梁，是幼儿园改革与发展的带头人，园长角色功能的发挥关乎幼儿园的未来乃至社会生态文明建设进程。

1. 实现从"事务型"向"思想型"的角色重塑

有人说，当今幼儿园的核心竞争力其实就是文化的竞争。文化是在长期的实践中形成的外界不可复制的思想观、价值观、方法论，在幼儿园发展进程中发挥着不可替代的重大作用。幼儿园的组织文化是全体教职员工在长期的教育过程中形成的，园长角色是幼儿园组织文化构建的重要内部因素，因为园长在幼儿园中具有核心的定位，是幼儿园工作的主导者与决策者，幼儿园的发展目标与规划、教育课程设置、制度建设与运作方式等都需要园长亲自参与，所以园长的教育思想、价值观念及性格特质等都影响着组织文化的形成。

21世纪意味着全面转型与竞争合作，幼儿园的核心竞争力决定着幼儿园的未来发展，因而，现代幼儿园组织文化的构建首先需要一个具有先进思想的教育家风范的领导者。园长作为组织领导者应主动适应现代角色要求，在推动幼儿园文化建设中，应渗透自身与众不同的价值观与信念，淡化传统"事务型"角色意识，积极发挥"思想型"角色功效，实现园长角色的成功转型，从而形成幼儿园特有的文化理念和价值追求，为打造组织核心竞争力奠定基础。

附：《生态十观》口诀

（简洁易懂的口诀，便于理解与记忆，形成共有的价值理念与追求）

低碳环保的物质观；

清新雅致的审美观；

自主自发的学习观；

以幼为本的教育观；

不可再生的时间观；

开放多维的空间观；

系统整合的思维观；

内省诚信的道德观；

从容简单的处事观；

共生共荣的发展观。

2. 实现从"即时型"向"战略型"的角色重塑

时下"即时型""快餐式"的教育方式，在浮躁竞争的市场中得到了快速的利益回报，被许多人一味追捧。当然，这一现象也受到众多专家、学者的抨击。2005年，中国台湾作家龙应台出版《孩子你慢慢来》一书，全书渗透了作者作为一名学者及母亲，倡导循循善诱、因势利导、因材施教的育儿主张与对幼小生命无尽关爱的慈母情怀。这本书给无数读者带来深刻的启迪与感动，在全球华人中获得强烈反响，为日趋恶化的教育生态环境注入了一股清新之流。如今越来越多的教育者意识到体味生命的快乐、感受生命的意义远比知识的积累更有价值，认识到实现生命的完整是教育的终极目标之所在。

以"人道"与"天道"为发源的战略思维，是中华民族传统文化宝库中的一颗璀璨明珠，"兵马未动，粮草先行""运筹帷幄之中，决胜千里之外"，这些战略思想为现代人类生活与生产提供了方法论的启示。在不断变迁的人类社会文明进程中，实现园长从"即时型"到"战略型"的角色转变，成为社会发展的必然要求，迫使园长必须站在人类进程发展的高度，运筹帷幄、审时度势，以战略视野审视自身实践：是否立足于全局和长远发展思考问题？是否从整体性和普遍性的角度提出问题？是否从根本性上解决问题？只有顺应教育规律与儿童发展规律，注重幼儿身、心、灵，注重精神整体健康和谐发展的全人教育，才能带领幼儿登上"战略"发展的高地，找到自我定位和人生方向，从而实现自我。

3. 实现从"封闭型"向"开拓型"的角色重塑

生态系统中的子系统，都与系统之外的环境紧密联系，学校发展系统也是如此。在开放的状态下，其运行的每个环节都应该随着教育之外的环境因素而调整变化，以发挥教育资源互动与整合的作用。一般来说，开放的环境对学校发展的影响，宏观上应做到需求平衡，即学校数量、类型、质量和办学方式等与外在的社会需要对应；微观上学校应根据系统环境的态势特点，以及发展的整体需要，适时调整教育目标内容、方法及学校发展政策、策略等。

实现幼儿园组织永续发展需要内部个体自由愉悦的发展，教师间、师幼间自然融洽的互动，乃至全园、园际、区域间的良好合作等，这有赖于开放型环境氛围的形成。但传统的幼儿园管理模式普遍存在封闭性与单一性的状态，这种封闭单一的状态，显然不利于幼儿园可持续发展的需要，与生态时代发展精神相违背。而学前教育的形式与内容具有广泛、启蒙、多元、综合的特点，其本质属性也呼唤与之相匹配的办园模式与管理方式。

在探索幼儿园生态化发展进程中，园长应积极树立开拓创新意识，自觉跨越情感、认知与沟通的障碍，打破局限狭隘文化与环境的藩篱，实现从"封闭型"到"开拓型"的角色转型，以开放性的资源意识，开拓整合各种环境因子，形成开放集成的生态环境，实现充分的物质、信息及能量的交换，保障幼儿园组织系统良性发展。

二、优化激励机制

激励机制是组织系统中的管理者为获得优质的工作质量，实现组织与个体的双赢，将个体目标与组织目标融为一体，通过刺激个体需要与动机，促使个体行为与组织目标保持一致，从而达成有序、有效的状态，所形成的以配套制度为基础的方法、措施及程序的总称。（详见第二篇"和聚之力"章节）

三、原理法则的运用

1. 生态位原理

每个生物在生态系统中都有时间、空间上的定位，在群落中发挥其特定的作用。

（1）建立员工职业发展档案：明了自身在团队中的位置，充分了解自己与环境，确定自身努力方向与可能达到的目标。

（2）定期对内部岗位设置进行调整。

2. 共同进化原理

不同种生物之间在长期的相互支持与斗争中，形成了相互依赖且适应对方的特征。

（1）抓好班风建设：通过班级文化建设，促进班级内部人员的相互磨合，形成团结互助、进取创新的班风。

（2）明晰职责职权：明确各部门职责、权限，强调分工中更有合作。

（3）采取自由组合：在全园性活动中采取随机排位的分组方式，可以加强不同部门人员之间的沟通了解；在班级人员的搭配中采取自由组合的方式，有利于提高班务工作的质量。

（4）遵循互惠原则：注重建立良好的外部公共关系，在对外接洽中遵循双向沟通、互利互惠的原则，聚焦于解决问题、达成共识，维护长期合作，构建和谐关系。

3. 生态演替原理

当两个种群的时间及空间的生态位发生重合时，生态位的差异性随即产生，而导致竞争演替，即原有优势被现有优势所取代。

（1）实行竞聘上岗制度。

（2）实行岗位等级考评制度。

（3）实行成果评估与推广制度。

4. 限制因子原理

生物体的成长与发展往往受到生物生长发育因子的限制，生物生长取决于数量最不足的营养物质。

（1）组织问题研讨。

（2）撰写教育反思。

（3）进行办园诊断：找到限制本单位发展的瓶颈或不利因素，进行幼儿园战略规划分析。

（4）接受督导评价：通过自评、他评等方式，按照一定的标准和程序，对幼儿园或个人各个方面的情况进行深入调查和分析，并做出价值判断的过程。对评价结果要做深入的分析、研究，找出产生结果的原因，从而做出改进。

5. 生态平衡原理

生物内部通过自我调节功能来保持生物系统内部的动态平衡。

（1）维持部门间平衡：从数量、人数、任务、要求、薪酬等方面进行调整，不断调整与保持行政、后勤、业务等部门之间的平衡，促进部门之间的良性竞争。

（2）维持人员之间的平衡：从性别、数量、个性、爱好、学识、能力、待

遇等方面进行调整，保持人员之间的结构平衡。

6. 整体性原理

有机整体的存在方式、目标、功能表现出统一的整体性，其主要含义有三点：整体系统中的各要素不可分割，并非独立而存在；各要素在相互作用中体现整体的功用；各要素的有机整合构成整体，整体大于部分之和。

（1）"三园"办学目标：幼儿的乐园、教师的家园、社会的学园。

（2）"和美"园所文化：源于历史，立足现实，面向未来。

7. 胜汰原理

在一定的时空范围与环境体系中，资源的容纳总量及承载力是相对恒定的，且表现出资源分布不均衡。由于资源分布的差异性，势必导致物种因为繁衍的需要而竞争。优胜劣汰是自然及人类社会发展的普遍规律。

（1）内部岗位竞聘。

（2）专业人才遴选。

（3）岗位等级考评。

（4）成果评估推广。

8. 循环原理

物质的循环再生和信息的反馈调节是复合生态系统持续发展的根本动因。

（1）倡导生态美术。

（2）实施自然课程。

（3）关注意见反馈。

9. 多样性和主导性原理

有机系统必定具有多元化的结构与多样化的形态，其中，相对稳定与主导的物质基础构成系统赖以生存的优势。在组织管理中需要以多元化与多样化的产品为基础，形成自己的优势资源和拳头产品，才能分散风险，增强稳定性，集聚发展的实力。

（1）"园本课程"模式。

（2）自然教育特色。

10. 机巧原理

系统的发展风险和机会是均衡的，强的生态系统要善于抓住一切适宜的机会，利用一切可以利用的甚至对抗、危险性的力量为系统服务，变害为利。

许多学者对生态学基本原理做了大量的研究和多种概括，从对教育研究具有一定的启发性与指导性来考虑，这里罗列的只是生态学基本原理中的一部分，在实践中我们不可盲目对照、生搬硬套，而是要运用原理带给我们的哲理及思维的启迪，科学采纳，灵活运用于教育研究中。

"悠" 发展——共生

"悠" 发展以 "共生" 为思想内核，倡导构建 "幼师园" 发展共同体，以创建幼儿的乐园、教师的家园、社会的学园为目标，最终构筑内部教育环境和谐、外部教育环境优良的教育生态景象。

一、幼儿发展目标

深入挖掘、整合幼儿园内外具有教育价值的自然资源、社会资源和生活资源，因地制宜地对幼儿实施全面素质教育，围绕 "知、情、意、行、体" 教育重心，通过环境育人、文化塑人，培养 "乐学、乐思、乐享" 的孩童，营造和谐幸福、自然生态的生命成长氛围，使幼儿三年 "幼时光" 延绵至一生的 "悠时光"。

二、教师发展目标

教师团队是幼儿园发展的主要推动者，教师的专业性关乎办园质量的好坏。关注教师的专业发展应成为园长工作的重心，园长要以同成长、共发展的理念，关注教师的专业发展，尊重、信赖、赏识、关爱每一位教师。通过为教师提供优良的支持性环境，构建适应教师发展的机制与策略，支持教师在具体研究领域中形成自身教学风格与教研建树，帮助教师实现自我价值与和谐发展。

三、组织发展目标

生态系统理论研究表明，幼儿园不可能处在一个独立的空间而存在，它的发展受到外部环境和内部环境的影响。要实现幼儿园的永续发展，园长必须具有宏观管理与系统管理思维，整合内外部环境优势，通过对幼儿园文化的提炼、传承与发展，在幼儿园建设发展共性的基础上，从培育特色内容入手，寻求幼儿园发展的"独胜之处"，并积极发挥具有特色的综合性特点，将其独到的做法与理念运用到幼儿园的其他方面，从而打造特色幼儿园品牌。

近年来，惠州市机关幼儿园以"璆璆如玉、珞珞如石"为园训，培育"玉润石坚"的员工品质，铸造"诚信、内省、协同、担当"的团队精神，在组织建设中寻求员工发展与组织发展同步共生。特色幼儿园的创建需要一个漫长的过程，可以说，一所特色幼儿园的形成也是其特色文化的形成历程。惠州市机关幼儿园全体教职员工将坚守"你的三年，我的永远"的誓言，不忘"与幼三年，成就一生"的使命，让"幼时光"延绵至幼儿一生的"悠时光"，铸就市机幼品牌。

"悠"教育——归真

教师教育观念的内涵非常广阔，包括了课程观、师生观、儿童观、教育观等主体性认识，其中，儿童观、教育观是教育观念的核心，是教师教育观念的基础并影响其他观念的形成。2015年，教育部颁布《幼儿园园长专业标准》，对新时代园长专业素质、专业发展等提出了具体要求与准则。其中，"幼儿为本"作为园长办学理念之重要内容，充分体现了"尊重幼儿个体，遵循幼儿发展规律"的教育思想，这既符合社会发展需求的定位，也符合幼儿长远、可持续发展的定位。"幼儿为本"包含以下几个方面的意义：还原幼儿快乐童年是幼儿作为独立个体被尊重的需要；教育需要面向全体，每个幼儿都具有被尊重与被理解的权利；不同的幼儿具有不同的个性，教育需要遵循幼儿身心发展规律，因人而异，因材施教，促进幼儿富有个性的发展。

"悠"教育以"归真"为思想内核，倡导以幼为本，返璞归真。明朝诗人李贽说："夫童心者，真心也。"幼儿具有天真、简单、质朴的天性，与真实的自然和社会环境具有天生的亲近感，还原幼儿本真与真实世界，在幼儿自主发展的能动建构中，引导幼儿在真实的自然与社会生活中追求真善美，是幼儿自主发展的本性追求。

关于"归真"庄子早就作过精辟的解释，《庄子》外篇"秋水"中有这样的表述："牛马四足，是谓天；落马首，穿牛鼻，是谓人。故曰：无以人灭天，无以故灭命，无以得殉名。谨守而勿失，是谓反其真。"意思是说，牛马生来就有四只脚，这就叫天性；为马套上马勒、给牛穿上鼻绳，这是人为。所以说，不要人为地做事而毁灭天性，不要有心造作而毁灭天然，不要追求虚名而丧失本质。谨守住天然本性而不让它丧失，这才叫复归天真的本性。庄子认为，对天然本性的破坏就是对美的摧残，美在于"真"，合乎自然，朴素不加修饰雕琢的美才能称为"真"。他提出"法天贵真"的思想，"真者，精诚之至也，不精不诚，不能动人……真在内者，神动于外，是所以贵真也"。

三岁看大，七岁看老。幼儿时期是人生发展的重要奠基阶段，"悠"教育理念的"归真"正是建立在"幼儿为本"与"法天贵真"的理解之上，为培育未来生态文明人指明方向。近代教育家陶行知先生曾一语道破教育的真谛："千教万教，教人求真；千学万学，学做真人。"在急功近利、喧嚣浮躁的社会中，富有诚信、友善、质朴与率真之情，犹如黑暗中闪烁的星星那样绚烂夺目。

"悠"学习——乐之

在《幼儿园园长专业标准》《幼儿园教师专业标准》及《幼儿园工作规程》中都曾提及"终身学习"的概念，终身学习是对园长、教师提出的个人素养及教育要求，也是形成全民学习、终身学习的学习型社会的迫切要求。

心理学研究表明，学习动机的形成分为外驱动力和内驱动力，外驱动力指周边环境，包括社会、国家政策法规、家庭环境、学校学习机制、学习环境等外部因素；内驱动力指学习的主观意识，包括学习目的、学习兴趣等内部因素。需要强调的是，外驱动力具有不稳定的特点，对个体的作用时大时小或是消失，而内驱动力具有稳定性和可控性特征。因此，终身学习能力的养成虽受一定外部环境的影响，但更取决于内部环境，内驱动力在个体学习中发挥着重要的作用。

内驱动力是从主观意识出发的，在自身可控因素及稳定的条件下，在学习中运用反思型思维，详察照见自我的不足，并对自身的不足不断加以调整，改善后的成果重新获得外界肯定，这样不但有利于知识与经验的快速积累，更有利于个人自我效能感的形成，从而获得精神层面的满足与愉悦。可以说，终身学习的能力主要取决于内驱动力，内驱动力的作用有利于自我效能感的形成，而自我效能感让个体实现终身学习与快乐学习成为可能。

子曰："知之者不如好之者，好之者不如乐之者。""悠"学习以"乐之"为思想内核，园长及教师要营造"与时俱进、学无止境"的学习氛围，倡导反思型学习方式，激发员工及幼儿学习的内驱动力，培养终身学习的能力与习惯。

庄子言："以有涯随无涯，殆已。"知识之涯是无边界、无止境的，关键在于"学而时习之，不亦说乎"。学习的目的不是死知识，而是活智慧，在现实生活中活学活用、知行合一，在漫漫人生路上，享受从无知到有知的满足之乐，从知道到知理的领悟之乐，从知理到知心的怡然之乐。

[1] 袁爱玲.幼儿园教育环境创设 [M].北京：高等教育出版社，2010.

[2] 黄长平.生态型学校发展 [M].成都：四川教育出版社，2015.

[3] 戈峰.现代生态学 [M].北京：科学出版社，2008.

[4] 庄子 [M].方勇，译注.北京：中华书局，2010.

[5] 张二烨.现代管理理论下的新型领导模式初探 [J].辽宁广播电视大学学报，2007（4）.

[6] 解孟真.新课程改革背景下校长角色转变研究 [D].重庆：西南大学，2014.

[7] 戴云.中职院校生态文化建设中校长角色研究 [D].曲阜：曲阜师范大学，2014.

[8] 王如松，欧阳志云.生态整合——人类可持续发展的科学方法 [J].科学通报，1996（12）.

第三章
悠之所由
3

以传统文化思想为基点

生态思想远远早于"生态学"的概念，具有渊源历史的中国传统文化蕴含了丰富的生态思想与智慧，散见于儒、释、道、法等各家学派著作中的生态思想俯拾皆是，这些思想包含了宇宙整体观念、自然系统观念、和谐人际观念及人与自然的关系等内容。在漫长的人类社会发展史中，随着人类文明的产生与演进，人们自觉地将"天人合一""道法自然""众生平等""仁者爱人"等思想主张运用到劳动生产与社会实践中，这些思想成为现代人本管理、仁治管理等管理科学的理论基点，推动生态学发展实现历史性跨越。

一、顺应自然的生态发展观

《孟子·梁惠王上》记录了一个孟子劝导梁惠王实施王道的故事："不违农时，谷不可胜食也；数罟不入洿池，鱼鳖不可胜食也；斧斤以时入山林，材木不可胜用也。谷与鱼鳖不可胜食，材木不可胜用，是使民养生丧死无憾也。养生丧死无憾，王道之始也。"文中展现了人民生活富庶、民心安定，人与自然和谐共处的理想社会景象，同时也不难看出，在先秦时代人类就具有了依循天道、顺应时节的农业生态意识，它是取之有度、有节开发的现代生态文明的早期体现。

《揠苗助长》描写的是发生在春秋时期宋国的一则寓言故事，故事之所以家喻户晓，流传千年而不衰，正是因为它以浅显的故事说明了遵循自然规律是人类生存繁衍的必然要求，传递出尊重自然、遵循节律的农业生态发展理念。

《道德经》中的"以辅万物之自然而不敢为"说明了道确守无为而辅助万物自然发展的本质，"人法地、地法天、天法道、道法自然"更是精辟地概括了一生二、二生三、三生万物的依存演进关系，阐释了宇宙万物间顺其自然而成其所以然的自然发展观。

二、返朴尚简的生态资源观

勤劳节俭、知足常乐是中华民族的传统美德，在对物质资源的认识上，反对铺张浪费与奢侈享乐，宣扬朴素简约与节制有度。这一观点在《道德经》中得到了充分体现，老子自谓"我有三宝，持而保之。一曰慈，二曰俭，三曰不敢为天下先"，其中，"俭"是指俭啬，反对奢靡，不肆意妄为。他认为，"五色令人目盲，五音令人耳聋，五味令人口爽，驰骋畋猎令人心发狂，难得之货令人行妨"，这段话阐述了过度的物质享受只会给人类带来麻木、伤害甚至社会道德的沦丧，鲜明地表达了老子返朴尚简的物质消费观。老子的物质消费观在书中多处均有体现，他认为"祸莫大于不知足，咎莫大于欲得"，因此要做到"去甚、去奢、去泰"（引自《道德经》），人只有对物质追求有节制，懂得适可而止、少私寡欲，才能获得内心真正的富足与快乐。

儒家学说同样倡导简约的生活方式，体现了去奢求俭及崇尚精神富足的价值理念。孔子认为"奢则不孙，俭则固。与其不孙也，宁固"（引自《论语·述而》），并这样评价自己的学生："一箪食，一瓢饮，在陋巷，人不堪其忧，回也不改其乐。"孔子给予处在简陋清苦生活中而独享自我精神天地的颜回高度评价，他认为丰富的精神世界远比物质享受更有价值。荀子是儒家学派的主要代表，他认为"节俭"不仅顺应了天地万物的自然规律，而且能够实现自然资源的永续长久利用。

可见，追求自然素简的生活方式与精神世界的富足丰盈，是中华传统文化的重要内容。

三、平等仁爱的生态伦理观

生态伦理，是指人类自觉地以人与人之间的道德规范或道德价值，来处理自身与外界动物世界乃至整体生物环境的关系，生态伦理富含了人类特有的情感态度与道德价值，让人类在处理自身与生物环境之间的关系上，具有了道德

意义或道德价值。

庄子认为，"天地者，万物之父母也"。自然万物不仅仅是人类的生存环境，也是人类的衣食父母和亲密伙伴。《庄子·盗跖》中有这样一段叙述："与麋鹿共处，耕而食，织而衣，无有相害之心，此至德之隆也。"描绘了人与自然万物和谐共处、无相害之心的社会境况。

"仁爱万物"是儒家最高伦理标准，孔子认为"伐一木，杀一兽，不以其时，非孝也"（引自《礼记·祭义》），他讲"仁者爱人"的同时也讲"仁者乐山，智者乐水"；孟子主张的君子之道应是"君子之于禽兽也：见其生，不忍见其死；闻其声，不忍食其肉"（引自《孟子·梁惠王章句上》）；而董仲舒提出："质于爱民，以下至于鸟兽昆虫莫不爱，不爱，奚足以为人。"（引自《春秋繁露·仁义法》）董仲舒的仁爱伦理观把人类之间的道德规范与道德关怀，扩大至外界环境系统中的鸟兽昆虫等，体现了人类对自然万物温情绵绵的生态伦理关怀，进一步延展与丰富了仁爱道德的内涵。

佛家则认为万事万物皆是平等的，即本性上的平等，认为一切众生皆有佛性，有情无情皆是佛子。"慈悲为怀，悲悯众生"的佛家思想不仅肯定了有情的众生有佛性，无情的草木也有佛性，富含丰沛的生态伦理意绪。世间万物无论动物还是植物都是生命的载体，人类虽因其具有思想和意识而与他物不同，但对赖以生存的自然界中的一切生命都应予以尊重。

四、"天地人合一"的生态整体观

万经之首《易经》提出"三才"思想，即把"天、地、人"作为统一的整体来思考，肯定"三才"在本源上的一体性及人与天地万物并立而存。《易经》最早揭示了古代人类对时空的追问，也可称作对宇宙的追问。四方上下谓之宇，古往今来谓之宙，宇宙就是指空间与时间。正如当代学者王东岳先生所说："我们就生活在时空之中，物像是不断变化的，时空却紧紧缠绕我们，因此人类的一切学理，在某种程度上都可以归结为时空追问。"由此可见，天、地、人乃至时间都可视为一个统一多维的整体。

道家的所谓天之道就是今天的宇宙观与自然观，"道"是天地万物创生的本源，即"道生一，一生二，二生三，三生万物"（引自《道德经》）。老子的三生万物演进思脉，实质就是三才生万物思路的延展。庄子在老子"天道"的基础上，提出"天地与我并生，而万物与我为一"（引自《庄子·齐物论》），即人与天、地及万物本是一个统一的整体。

随后，儒家学说沿袭了道家"万物一体"的思想主张，讲究天道人伦化、人伦天道化，讲究人与自然的融合统一，认为"天地合而万物生"，形成了"天人合一"的儒家基本思想。"天人合一"思想包含了两层意思：一是人与自然万物不是独立而存在的，而是不同差异的统一；二是在这个统一体中的人及万物各随其性、各安其位、各得其所，彼此之间又有着不可分割的联系。可以说，儒家在天地人宏观层面的统一整体性中，也关注子系统及微观系统内部的和谐统一，儒家典故的多处词句中也有表述，如"为政应和""君子和而不同，小人同而不和""天时不如地利，地利不如人和"等，这里"和"的概念就是指人际微观系统的协调、平衡与统一。

佛家的"一实之理"阐明的是真心本性、万法归一的万物整体观思想，即世间万事万物原本就是一体平等而无分别的。其含义衍生至自然生态的范畴，表明在"天地人合一"的生态系统中，各要素之间相互联系、影响、制约，在组织、信息、能量交换中维持平衡、协调与演进，是一个在循环中发展、在矛盾中演进的整体系统。

"天地人合一"的整体观为生态学发展奠定了根基，引导人们主动运用联系、矛盾、系统的思维认识自身与世界，帮助人们积极运用哲学思维方法，发现与研究人、生物、自然环境之间的关系与联系。

以现代科学理论为支撑

一、生态学

1. 生态及生态学的概念

"生态"一词源于古希腊，是家或者环境的意思，亦指生物生存状态及生物间和生物与环境之间的关系。而生态学Ecology一词最早源于希腊文

Oekologie，是专门研究"生态"的学科，生态学是研究生物生存条件、生物及群体与环境相互作用的过程及其相互规律的科学，其目的是指导人与生物圈（自然、资源与环境）的协调发展。

生态学属于生物学的一个分支，因而生态概念最早源于生物学的范畴，是从研究生物个体开始的。随着生物学的演化与分支，生态学学科不断发展与演进，其研究内容逐步向人类社会和自然界复杂的相互作用的各领域发展，生态一词涉及的范畴也越来越广。现在生态的概念通常指生物的生活、生存状态，由于这种状态强调内部系统及要素的相互关系与作用，因而它含有系统、整体、关联、共生、演进、平衡之意，如今更是被赋予了更多"绿色"的内涵。

2. 生态学的发展

有学者研究，生态学发展经历了萌芽时期、建立时期、巩固时期和现代生态学时期这四个漫长的发展过程。《尔雅》是我国最早的词典，它是辞书之祖，其中就有对226种植物及生态环境的记载，成为现代生物学的启蒙与发端。19世纪中叶，工业大革命造成全球环境问题日益凸显，随着居住环境不断恶化，人们对身处的自然与生活环境更加关注，并把环境作为一门专门的学科进行研究，生态学应运而生。1866年，德国动物学家恩斯特·海克尔（Ernst Haeckel）提出了"生态学"的概念，生态学作为生物学的分支，才正式进入人们的视野。进入20世纪中叶，生态学研究领域不断扩大与延展，生态学逐步从自然科学领域的范畴，进入研究与人类生活、生产环境的关系等应用研究范畴，实现了生态学的历史性跨越。

随着生态学受到世人的普遍关注，其研究对象、内容、任务和方法也在不断地演变、拓宽，生态学远远超越了科学研究本身的意义，而是担负了决定人类发展与存亡的使命。为倡导全球"可持续发展"发展模式，共同维护全球环境，保护人类共有的生命之源，1972年在瑞典斯德哥尔摩召开了第一次联合国人类环境会议，会议通过了《联合国人类环境会议宣言》，其意义关系着地球生物的生死存亡，成为人类生存发展的保护神。

党的十八大把生态文明建设纳入中国特色社会主义事业"五位一体"总体布局，习近平总书记在党的十九大报告中指出，加快生态文明体制改革，建设美丽中国，推进绿色发展，还自然以宁静、和谐、美丽。

时至今日，生态学研究在承载人类发展的使命中，不断延展与深入，它涉及人类生存与发展的重大命题，可以说离开对生态学的研究与科学指导，人类社会就没有可持续发展可言。

二、教育生态学

1. 教育生态学的概念

现代科学一般划分为自然科学、社会科学、思维科学三大领域，天文、地理、化学、生物等属于自然科学的范畴，生态学是生物学的分支；教育学、管理学、经济学、文学、历史、人类发展学等属于社会科学的范畴。

随着生态概念不断被大众接受与认识，社会及教育学家自觉地将自然科学与社会科学有机结合，衍生出教育生态学。1976年，美国哥伦比亚大学师范学院院长劳伦斯·A.克雷明（Lawrence A.Cremin，1925—1990）在其著作《公共教育》中正式提出"教育生态学"的概念。

教育生态学是自然科学与社会科学融合的结晶，它从生态学分支出来，主要是运用生态学研究思维与方法来揭示人与教育环境的发展规律。至此，生态学被赋予了哲学层面的意义，表现为逐步形成人们对认识自然与社会的合适思维方式。

较之生物学或是生态学，教育生态学研究的内容、对象及性质都发生了一定的转化与迁移。从宏观层面来看，教育生态学的研究范围涉及教育与社会文化、人群分布与结构、人际环境与人的发展等；从微观层面来看，涉及学校内外生态环境、课程设置、教师发展及课堂生态等内容。教育生态学并非停留于对生态环境研究的学科层面，或是仅仅把教育作为自己的研究目标，而是关注教育与生态环境的有机联系与内在规律，从而更好地提升教育质量。

2. 教育生态学的发展

1977年，世界著名心理学家布朗芬布伦纳（Urie Bronfenbrenner，1917—2005）提出了生态系统理论。布朗芬布伦纳的生态模型对教育生态环境研究具有重大的启示与价值，他认为影响幼儿生活与发展的环境可以分为微观系统、中间系统、外观系统和宏观系统，各系统之间相互联系、互相作用。根据布朗芬布伦纳的生态系统理论，微观角度的研究考察包括教师、家长、学生、学校环境、教育环境等教育生态系统中的各因子。同时，从宏观角度把教育看作社会生态系统中与周围环境关系密切的、开放的、相对独立的系统。

20世纪70年代，国外教育生态学研究主要集中体现在两个方面：一是以研究教育的资源分布为主旨；二是从教育与环境的关系入手来探讨问题。20世纪80年代，教育生态学研究范围更加宽泛，而且向纵深发展。华盛顿大学的古德莱德（J.I.Goodlad）侧重于微观的学校生态学研究，首次提出学校是一个文化生态系统的概念。

古德莱德教授的学校微观文化环境理论，专注于研究学校本身微观环境的内容，将教育生态学研究的视角引向并非客观存在的环境系统，说明了学校优质良好的文化生态环境对教育的积极影响，更关乎学校组织的发展与未来。

近年来，国内也有大量的学者对教育生态学做出了较有成效的研究。2011年，范国睿等学者所著《共生与和谐——生态学视野下的学校发展》一书，在国内教育界产生了较大的影响，该书主要分析了学校从外部区域定位、学校组织变革到内部文化建设及生态课堂等多个层面的生态现状，并提出了相应的调适策略，为推进学校及幼儿园生态化发展，构建生态型学校及幼儿园，提供了系统的理论支持与实践指导。

以教育理论实践为基础

一、福禄贝尔的幼儿园

弗里德里希·威廉·奥古斯特·福禄贝尔（德语：Friedrich Wilhelm August Frbel，1782—1852）出生于德国一个普通家庭，他一生投入幼儿教育事业。1837年，福禄贝尔针对3—7岁的孩童，在德国勃兰根堡专门开设了一所幼儿教育机构。1840年，他将幼儿教育机构更名为幼儿园，以此名寓意幼儿如花朵一般在花园中健康快乐地成长，世界上第一所真正意义上的幼儿园从此诞生。福禄贝尔不愧为人类历史上第一位幼儿教育理论家和职业家,被后人誉为现代学前教育的鼻祖。

福禄贝尔关注不同教育环境对幼儿发展的影响,最早提出幼儿教育是家庭教育和幼儿园教育相结合的观点,为解决幼小衔接问题,他创办了专门的中间学校。福禄贝尔关注幼儿的身心健康、快乐自由,反对体罚幼儿,从幼儿身心特点出发,创造了实物教学法、游戏教学法。他认为,幼儿具有独特的身心发展特点与规律,幼儿教育的方式与手段也应该合乎幼儿发展的特点,通过各种活动或游戏来促进幼儿体格、认知与情感发展。福禄贝尔的教育思想和教育理论实践为全球幼儿教育发展奠定了坚实的基础,其大环境教育观、教育游戏法与活动法等对现代教育思想产生了深远的影响,成就了教育生态学理论的形成与发展。

二、蒙台梭利的儿童之家

玛利娅·蒙台梭利(意大利语:Maria Montessori,1870—1952),出生于意大利,早年就读于罗马大学,1896年成为罗马大学第一位女医学博士,是一位杰出的儿童教育家。1907年,蒙台梭利在罗马贫民区建立第一所"儿童之家",获得了巨大的成功,并形成了蒙台梭利独特的儿童教育思想,也成为儿童中心主义的典型代表。她认为教育的目的有两个:一是生物目的,促进儿童自然地发展;二是社会目的,即个人能适应并利用环境。教育的任务在于掌握好环境因素,从而改造生命所依赖的环境,有序、真实、自由、温馨的、有准备的环境,可以促进儿童内在生命潜能的爆发。蒙台梭利的环境观及生命观为现代教育实践提供了有力的理论支撑,具有独到的实践指导意义。

三、德可乐利的生活学校

德可乐利(1871—1932)是比利时的心理学家及儿童教育家,有人把德可乐利与福禄贝尔、蒙台梭利并列,称为世界教育史上做出过卓越贡献的三大幼儿教育家。德可乐利非常重视儿童的本能和兴趣,认为在教学中应充分尊重儿童整体化的认知特点,利用儿童的自发倾向,以儿童的兴趣为中心,组织适宜儿童发展的环境,在活生生的现实中提取教材,让儿童在生活中准备生活。

1907年，德可乐利在布鲁塞尔创办了包含幼儿园和小学的生活学校，身体力行地向世人还原教育之本质，即教育即生长、经验的改造及生活，以此实践其"为生活而学习"的教育思想。

四、鲁道夫·斯坦纳的华德福学校

鲁道夫·斯坦纳（Rudolf Steiner）是奥地利杰出的哲学家与教育家。1919年，斯坦纳根据自创的人智学理论，创办了第一所华德福学校。华德福教育尊重儿童的意识与天性，主张按人的发展与意识发展规律来设置教育内容，是一种以幼为本，关注人的身、心、灵、精神的整体平衡与和谐发展的全人教育。华德福学校一经开办便获得巨大反响，形成了全球华德福教育运动，成为当今物质社会大潮中一块清新、安宁的栖息之地与精神家园。

鲁道夫·斯坦纳主张学校就应该创设与自然一体的环境，让幼儿"感官全然开放"，在自然的环境中感受自身和大自然的变化节奏，引导他们体悟人是自然界的一部分，人和万物是息息相关的。华德福学校的建筑，被人称为"有机建筑"，反映了华德福试图创造完全整合的学习环境的努力，学校的环境创设与设施提供以生活逻辑为标准，更自然、自由、温馨、柔和，处处体现对自然的尊重、对生命的关怀。可以看出华德福教育是从人的心灵出发，为儿童准备了一个身心合一的环境，更加注重儿童身体及内在器官的发展，注重儿童自然吸收天地自然气息，使物质的身体充满自然的力量。

华德福教育以尊重生态、尊重自然为主旨，强调人与自然的协调融洽，强调物质环境和精神的平衡和谐，讲究有生命感觉的美和自然美。在工商业文明高度发达，自然离我们生活越来越远的当代，华德福亲近自然环境的教育思想，为教育理念更新与当前教育变革提供了极具价值的学习样本。

五、马拉古齐的瑞吉欧教育

自20世纪60年代以来，洛利斯·马拉古齐（Loris Malaguzzi，1920—1994）与当地的幼教工作者在意大利东北部城市瑞吉欧，一起兴办与发展了该地的学前教育。1981年，瑞吉欧教育工作者在意大利瑞吉欧·艾密莉亚举办了名为"如果眼睛能越过围墙"的教育成果展览，并获得了巨大的成功，这场举世瞩目的展览后来更名为"儿童的一百种语言"，应邀在全球巡展，从此瑞吉欧教育被全球广大幼儿教育者所推崇。

瑞吉欧教育深植意大利文化传统，吸收了杜威、皮亚杰、维果斯基的理论，形成自己独具特色的教育理念，其教育模式一经亮相便让全球惊艳。正如展览的标题所言，成人不应以成人的眼光看待孩童的世界，而是要打破思维定式的围墙，帮助孩子以自己独特的一百种语言、一百只手、一百个念头、一百种思维方式去探索一百个世界，开创一百个未来。瑞吉欧教育重视环境与儿童的对话，认为教育的目的就是要创造一个和谐的环境，教师与孩子们共享平等相处、共同成长、自在愉悦的生活。

马拉古齐认为，家长是影响幼儿发展的重要环境因素。他作过这样形象的比喻，把学校比作一艘在海上航行的大船，家长、教师及幼儿是同行者，共同领略一路风景的美好，共同应对航行中可能出现的变化。马古拉奇的家教观阐明了孩子发展是由外部各种环境共同影响、相互作用所致的观点，他说："教育乃是由复杂的互动关系所构成，也只有'环境'中各个元素的参与，才是许多互动关系实现的决定性关键。"

六、陈鹤琴的鼓楼幼稚园

陈鹤琴（1892—1982）出生于浙江，是我国著名的儿童教育家，堪称中国幼儿教育的奠基人，被誉为"中国的福禄贝尔"。1923年，在当时儿童教育资源贫瘠、思想封建滞后的情况下，为探索中国化、科学化的幼稚教育改革之路，陈鹤琴在自己的住宅里开办了一所实验幼稚园，取名南京私立鼓楼幼稚园，这是我国第一所由国人开办的幼稚教育实验中心。陈鹤琴的教育实践给在黑暗中摸索的中国幼儿教育点亮了一把火炬，虽然还十分微弱，却点亮了中国幼教的希望和未来。

陈鹤琴主张对儿童实施"活教育"，"活教育"中不能缺少的就是"活教材"。所谓的"活教材"，是指取自大自然、大社会的直接的书，即让儿童在与自然和社会的直接接触中，在亲身观察中获取经验和知识。他认为，幼儿与大自然之间天生的亲近感，利于幼儿对外界知识的吸收。另外，大自然万事万物的变化也成为一部变化万千的教科书，无时不在给幼儿带来惊喜，激发幼儿的新奇感与想象力的发挥。同时，陈鹤琴主张教师与幼儿要走进社会，大力开展劳动实践，在"做中学、做中教、做中求进步"。

从这一思想出发，南京鼓楼幼稚园自1923年创办以来，秉承陈鹤琴先生"活教育"的宗旨，深入开展课程研究，注重在幼儿生活与社会实践中选取教育素材，以此形成幼儿园课程的全部内容，即健康活动、社会活动、科学活动、艺术活动和语文活动。通过这五类活动的开展，使儿童具有健康的体魄，能够认识自己，关心社会、热爱生命与自然。

七、陶行知的生活教育

陶行知（1891—1946），安徽人，出生于一个贫寒的教师之家，是伟大的中国人民教育家、思想家。陶行知一生怀有满强烈的爱国情怀与报效祖国的志向，以自己毕生的精力投入中国教育革新与发展中，将西方教育思想与中国国情相结合，提出了"生活即教育""社会即学校""教学做合一"等教育主张，亲力亲为地推动贫民教育运动及教育改进，感召广大师生"使中华光明于世界"。

结合中国国情及对杜威"教育的本质就是生活"思想的理解，陶行知提出"生活即教育"的教育主张。他认为，生活教育就是生活所原有的、生活所自营的、生活所需要的教育，主张"把学校的一切伸张到大自然里去"，注重儿童的兴趣和需要，注重儿童的自主活动，只有解放儿童的双手与大脑，才能发挥儿童的自主性与创造性，让儿童成为社会生活的主人。

陶行知先后创办了晓庄学校、生活教育社等诸多学校团体，一生致力于在教育实践中推行其生活教育主张。他认为我们对于儿童有两种极端的心理，都于儿童有害，一是忽视，二是期望太切。忽视，则任其像茅草一样自生自灭；期望太切，不免揠苗助长，反而促其夭折。1921年，他给时任新安小学校长的台和中的信中提及："您必须以大自然为您的生物园，才有丰富的收获，比如研究昆虫，最好是预备一块地方，让它长些野草，昆虫自然要来游玩……教育是在大自然与大社会里办，不能常到大自然里去，还能算是生活教育吗？"这些无不表达了陶行知先生推崇生活教育的拳拳之心。

陶行知的教育思想解开了束缚孩童想象与创造的绳索，还给了孩子一个奇妙无穷、鲜活真实的世界，其教育主张蕴含丰富的自然生态意趣。

八、当代世界各国的儿童自然教育

社会的高速发展推动人类历史车轮滚滚向前，不可否认的是，人类在享受高度物质文明的丰硕成果时，生态危机、自然灾害也随之而来甚至日趋严重。没有哪个时代比得上如今的人类对自身生存境况的担忧与对未来前景的迷茫。由此各国政府与众多教育者开始重视自然教育的研究与实践，试图通过教育来改善人类与自然的关系，寻求人类与自然和谐共处的安详与宁静。20世纪70年代，丹麦政府倡导绿色生活理念，在官方的大力支持下，丹麦教育者利用本地森林资源丰富的优势，充分利用户外自然森林开展教育活动，森林幼儿园模式迅速风靡全球。1972年，英国大学国王学院院长卢卡斯教授提出著名的"卢卡斯环境教育模式"，其理论观点对英国中小学的环境教育影响重大，其中，爱华顿小学在环保和生态持续发展的实践上做出卓越贡献。日本的自然幼儿园也深受卢梭自然主义教育的影响，在幼儿园的领地中，原生态的沙池、泥塘、小溪、石堆、草地、树林、农田……都成了孩子们的玩具。德国的斯图亚特华德福学校，由教育家鲁道夫·斯坦纳于1919年创办，至今已有百年历史。华德福教育注重对自然材料与自然环境的开发利用，立足于关怀与尊重儿童生命个体，着力于培养富有个性的理想社会公民。而在我国，1996年国家环保局、中宣部、国家教委联合印发了《全国环境宣传教育行动纲要（1996—2010年）》，大力推动了全国各地绿色学校的创建。2013年，国务院办公厅印发《国民旅游休闲纲要（2013—2020年）》，此文件为各教育机构以研学方式推进素质教育带来了思路与政策支持，这种走进自然与社会的研学有利于增强学生对自然和文化的亲近感，增强社会公共道德的体验，有利于加强学生对自然的认识与世界的了解，有利于学生创新与探索精神的培养。由此，研学等体验类教育机构逐步走向成熟，并积极促进了自然教育理念在我国素质教育中落地生根。其中，大地之野自然学校就是一个典型的代表，它坐落于杭州天目山自然保护区，以森林为教育、以自然为课本，拥有一流的自然环境、一流的师资队伍。重庆曙光幼儿园是我国学前教育领域实施自然教育的佼佼者，近年来，它以其生态教育特色在全国幼教界声名鹊起，被同行们誉为"世界级的乡村幼儿园"。该园位于重庆沙坪坝区城乡接合处，由一所闲置的小学改建而成，在李燕园长的带领下，把自然环境当活教材，让教育依四时而生长，形成了自己特有的环境课程，短短几年就将一所废弃园变成了一所闻名遐迩的生态学校。

[1]（宋）孙奭疏.《孟子注疏》卷一《梁惠王章句上》［M］.上海：上海古籍出版社，2017.

[2]魏玉昆.老子道德通译［M］.北京：中国社会科学出版社，2005.

[3]赵春艳.乐：中国传统休闲审美的境界［J］.西北师大学报（社会科学版），2015，52（4）.

[4]于洋，李伟.中国传统生态智慧的当代价值审视［J］.大连干部学刊，2014，30（7）.

[5]赵强.城市健康生态社区评价体系整合研究［D］.天津：天津大学，2012.

[6]齐莉丽.社保基金信息生态系统研究［D］.天津：天津大学，2010.

[7]洪和琪.基于生态学原理对生态文明建设的思考［J］.环境保护与循环经济，2015，35（10）.

[8]乔丛滨.先秦至魏晋南北朝美学思想的生态智慧［D］.山东：山东理工大学，2010.

[9]范国睿.美英教育生态学研究述评［J］.华东师范大学学报（教育科学版），1995（5）.

[10]张博.现代幼儿教育观念研究［M］.长春：东北师范大学出版社，2003.

[11]黄长平.生态型学校发展［M］.成都：四川教育出版社，2015.

[12]曾永成.生态管理学建设论纲［J］.成都大学学报（社会科学版），2003（4）.

[13]袁爱玲.幼儿园教育环境创设［M］.北京：高等教育出版社，2010.

[14]洛利斯·马拉古奇.孩子的一百种语言——意大利瑞吉欧方案教学报告书［M］.台北：光佑文化事业股份有限公司，2002.

[15]郭亮.从拓荒奠基到幼教之父——儿童教育家陈鹤琴［M］.南京：南京师范大学出版社，2012.

[16]陶行知.教育的真谛［M］.武汉：长江文艺出版社，2013.

[17]苏刚，庄云旭.陈鹤琴活教育理论及其现代价值［J］.现代教育科学（普教研究），2008（6）.

［18］姜锐.近代南京鼓楼幼稚园课程实验及启示［J］.才智，2011（9）.

［19］贺健康.海岛家庭教育中的几个误区［J］.教育艺术，2006（12）.

［20］吕村.中国传统文化对于现代领导管理学的启示探析［J］.烟台职业学院学报，2015（1）.

［21］何方.生态学发展阶段划分［J］.经济林研究，2001，19（3）.

［22］刘雪飞.生态课程观——高校思想政治理论课的生态视角［D］.安徽合肥：合肥工业大学，2005.

［23］王平.生态平衡观视域下的高等学校职能调控研究［D］.石家庄：河北科技大学，2009.

第二篇

行

第一章
和美之因
——和美文化
1

　　20世纪90年代末期，许多专家学者就学校有效性发展进行了大量的研究，发现学校的有效性与资源投入与产出并无直接联系，而是与学校发展的过程因素，特别是学校气候或是学校文化有着密切的关系，广大教育者开始意识到校园文化是学校有效性发展的关键因素，加强文化建设是学校健康持续发展的首要任务。

　　1987年，美国教育学家古德莱德从教育生态学的微观研究入手，将布朗芬布伦纳的生态系统理论积极运用到学校教育管理中，提出学校是一个文化生态系统的概念。文化生态为人类特有，它由文化生存环境与文化生活方式和合而成。其中，文化生存环境是自然生态环境的人文化的历史产物及人文化的自然生态环境。古德莱德提出文化生态系统的概念旨在统筹学校各种生态因子，建立一个健康的生态系统，增强学校建设与学生发展的有效性，全面提高办学质量与效益，为学校健康持续发展提供动力源泉。这里所说的各种生态因子不仅包含楼宇、绿化等物质因子，还包括精神、制度等文化因子及多变的社会因子。

　　一般来说，校园文化包括物质文化、行为文化、制度文化及精神文化，其实幼儿园的一切场所、一切活动都包含着文化元素，它是一个被人体验和意识的世界，是一种无形的环境，是一股能对人产生重大影响的力量。在我国学前教育发展与改革进程中，广东省惠州市机关幼儿园紧跟时代步伐，响应时代号召，以和美文化建设为先导，运用教育生态学理论与思维方法，积极探索幼儿园生态化发展路径，在教育实践中提炼与积淀和美文化之要义，演绎与发扬和美文化之精神。

生态内涵

一、文化本身的生态意指

在客观自然世界及人类漫长的演进与发展中，人类文化在人诞生之初便悄然发生，与客观自然世界有着千丝万缕的联系。客观自然世界就是人类赖以生存的主人，人类为了生命的延续，必须在自然世界寻求生存的空间与条件，人不能离开生存世界这个主人提供的生存环境，并且要把生存环境、条件转化为衣、食、住、行的现实，即通过人的自我实践活动，改变自然生存世界的种种情境，以适应人自我的需要。可见，人类文化不可能离开人类自然生存环境而存在，它是存在于自然生态环境的生态现象，是具有无限生机与永恒魅力的人文景观，是人类首创的系统工程。

另外，从社会生态学角度来看，组织文化是组织中的主体在长期的生产劳动及社会实践中形成的，为全体成员所接受的共同价值观，它随着组织系统的发展而产生，是一个积淀、传承、发展的动态过程，其形成过程契合了多样性、动态性、创生性等生态学原理，融合了开放性、互动性、整体性和关联性等生态特质。可以说，组织文化的演进是一个复杂的生态系统工程，伴随组织发展始终。

二、以"和合学"五大原理为基点

《说文解字》中"和"的本义为声音相应和谐，和，相应也。"龢"是"和"的异体字，以龢为调也，从龠，禾声，读与和同，龠是古代一种用竹管编成的乐器，形状像箫。意为由龠发出的声音是相应、协调、和谐的，喻指各事物及要素之间协调统一，成分调和恰到好处。中国传统文化被称作"和"文化或是"和合"文化，"和"代表着完整统一，代表着互济互补，代表着平衡演进，体现了人们普遍认同的人文精神，它表达了人们对现实社会的忧患及对未来美好世界的向往情怀。和合学理论由我国著名学者张立文先生提出，和合学解释了天地万物生生的本质和生命力之所在，以及天地万物相互之间关系的融突和合联系。"和生、和处、和立、和达、和爱"构成"和合学"五大原理。"和合"意指自然、社会、人际、心灵、各种文明等元素之间的相互冲突与融合，并在冲突与融合进程中形成新生命与新事物。这种复杂文化演进理论与人类社会发展态势相趋同，不仅提倡人与人之间及人内心的和谐，更强调人与自然、社会之间的和谐。

幼儿园和美文化内核以"和合学"五大原理为基点，建立在幼儿园历史与发展之上，是从我国传统文化的沃土中孕育出来，是个体文化、地域文化与传统文化的融合与交织，和美文化自其产生就蕴含着丰富的生态意蕴。

1. 和生之美

和合学的和生原理主要阐释了自然孕育了人的生命，是人类命运的主宰；而人对大自然又具有能动改造的作用，人与自然就是这样在对立与依赖中发展，这种互动依存的关系，自然也要求人的生命与自然生命处于共生共存的环境中。从历史生态观的角度看，人类社会的进步与发展是顺应历史潮流的产物，是建立在充分尊重自然、敬畏自然之上的。古人天人合一、万物与我为一的思想境界，是人类追求人与自然共生共存的精辟概说，也是现代生态整体观与和谐自然观的完美表达。基于此，我们在教育实践中以环境育人、文化塑人为理念，倡导低碳环保的生态理念及以自然为课堂的生活教育观，把培养"乐学、乐思、乐享"的孩童作为目标，以实现培养新一代从工具人到社会人、生态文明人的转变。

2. 和处之美

张立文先生认为和处的意识应成为21世纪人类文明中人们的自觉责任，而不是停留于不自觉的他为的层次，它包含温和、宽容、善良、恭敬、节俭、谦让的态度，以及与外界及其内心的平和、稳定、健康的状态。幼儿园作为一个组织系统，其健康的运行状态源于外部环境系统的影响及各子系统的良好运作。基于这种观点，积极运用和处原理，是幼儿园持续健康发展的关键所在，因而在幼儿园和美文化建设中，应把握好人与人之间的信任、平等、尊重、理解、合作等和谐要素，营建和谐共处的人际氛围，以和舟共济为指向，培育诚信、内省、协同、担当的团队精神。

3. 和立之美

和立原理中的"和立"不是以对立面或是异己的消亡毁灭为自立，而是充分尊重外界事物、各民族文化及个体的独特性、自主性，因为任何事物都有自己独立的、特殊的存在形式、方式和模式。早在春秋时期孔子就提出"己所不欲，勿施于人"，表达了不强加于人、不唯我独尊、不唯我独优的观点，而是要"己欲立而立人"，以德修身、以情养性，陶冶自身品德情操，以开放、宽容的胸怀，接纳自身、自然、社会及多元的文化形态，只有彼此充分尊重与包容，才能在和生、和处、和立中构建出共存共荣的世界。

（1）幼之和立。实现共生共荣的大同理想，需要个体具有共乐的精神境界。惠州市机关幼儿园的教育目标是乐学、乐思、乐享，以共乐为指向，建立在尊重幼儿个体之上，体现了追求个体身心的健康愉悦、思想独立与通达的价值取向。"三乐"教育目标昭示着物质生命与精神生命融合的完美境界，彰显了个体生命的灵动之美与完整意义。

乐学：乐，不仅仅含有快乐、愉悦之意，还可作乐于、乐意的解释。孔子曰："知之者不如好之者，好之者不如乐者。"可解释为，对知识的掌握而言，"知道"是被动的，被灌输的，缺乏主动性；"好之"代表喜欢，触及情感与兴趣，但不一定长久；"乐之"，是指乐在其中，代表了一种投入、陶醉的状态与乐不思蜀的境界。人的生命是有限的，而学海无涯，因而，在茫茫学海中我们不仅需要有"学海无涯苦作舟"的勇气，更需要找到开启"乐学"的钥匙，只有乐学才能让知识转化为真知，转化为推动社会进步的生产力，转化为丰盈自身心灵世界的良方。乐学让我们不再囿于"生有涯，而学无涯"的焦虑与惆怅，而是尽享"学而时习之，不亦乐乎"之悠然。

乐思："学而不思则罔"说的是，如果只是一味求学，而没有真正认真思考所学的东西，只会把自己变得迷茫而失去方向。歌德曾说"思考是人类最大的乐趣"，未来是竞争与创新的世界，乐于思考、善于想象是创新的前奏、创造的前提，是立足于未来社会的生存之道。

乐享：《孟子·梁惠王下》记载了这样一段对话，齐宣王问："独乐乐，与人乐乐，孰乐？"孟子曰："不若与人。"曰："与少乐乐，与众乐乐，孰乐？"孟子曰："不若与众。"意思是说，自己一个人欣赏音乐而快乐或者和少数人快乐，不如与别人一起快乐或者大家一起快乐更快乐。这种与民同乐的观念，是古代仁爱思想的重要表达。

在当今现实生活中，"乐享"对普通人而言更是具有重要的意义，它是现代人类化解自身心灵与世界冲突的最佳选择。分享不仅解决他人物质急需，还可以驱散他人低落的情绪。同时，分享可以让自己及他人获得快乐的情绪体验与精神的满足。让幼儿从小懂得感恩、乐于分享是对幼儿"仁爱之心"的培育滋养，是幼儿健全个性养成、身心和谐发展的需要，也是创造美好世界与未来的需要。创建幼儿的"乐园"就是要以培养"乐学、乐思、乐享"的孩童作为基本任务，无数的小乐园构成世界的大乐园。有人说，幼儿园教育的真谛藏在儿童的笑声里，孩童们在喜闻乐见中获得知识，在思索创造中获得喜悦，在快乐分享中获得友谊，因而，幼儿园应是处处笑声朗朗，张张笑脸盈盈。

（2）师之和立。建立在和立原理之上的园训"琭琭如玉，珞珞如石"，是"己欲立而立人"思想在管理实践中的具体运用，只有以德育人、以志励人，才可能培育出"乐学、乐思、乐享"之孩童。

"琭琭如玉，珞珞如石"原句出自《道德经》第三十九章："故贵以贱为本，高以下为基。是以侯王自谓孤、寡、不谷。此非以贱为本邪？非也？故至誉无誉。是故不欲琭琭如玉，珞珞如石。"本段的主要意思为：贵是以卑下为根本，高是以下为基础的，这难道不是贵以卑下为依托吗？至高的荣誉是不可言状、无可比拟的赞誉，所以说，不求像宝石一样华美，而宁愿像质朴坚硬的磐石一般。

之所以摘取本章中"琭琭如玉，珞珞如石"二句为园训，其寓意有两个层面的解释：其一，物之高是以下为基础、人之贵是以卑下为依托的，高下、贵贱其实是一种辩证统一的关系，人的谦逊、低调、朴实恰恰是成就个人完美的基石，质朴谦卑、虚心向学是做人的重要品质，因而做事要从下做起，做人要质朴谦逊。其二，玉乃与人性相容，抚其面，为润；观其泽，为正；闻其声，为智。石乃万物之源，故有质朴之性，坚毅之志。玉者，润也，德"润"才得流芳；石者，坚也，志"坚"方不可移。意为我们应修炼"玉润石坚"之品质，涵养如玉般温润、纯正、智勇之德；抱有如石般质朴、谦逊、坚毅之志。

4.和达之美

"己欲达而达人"高度概括和合学中"和达"的思想与意识，张立文先生认为，在当今多重环境、多元文化、多种模式中寻求协调、平衡与发展，才是社会发达与人类进步的必由之路。惠州市机关幼儿园倡导向真、向善、向美、向上、向好的园所风尚，以共建幼儿的幸福乐园、教师的成长家园、社会信赖的优质学园为办园目标，积极构建"师幼园"发展共同体，寻求共同进步与永续发展。

5.和爱之美

和生、和处、和立、和达的核心是共爱。因为爱，生命才拥有智慧、美好与求索，爱是力量的源泉，爱是一切的基础，懂得爱、学会爱是人类生存的第一要义。无论是儒家的泛爱众、墨家的兼相爱、佛教的爱众生，还是西方的基督之爱思想，所有文化形态的智慧竟惊人地相似，那就是人类对真善美的追求，对理想社会的向往。在谋求公平正义、诚信友爱、安定有序的和谐社会的建设中，惠州市机关幼儿园秉承"一切为了孩子，为了一切孩子，为了孩子的一切"的办园宗旨，宣扬博爱精神，培育仁爱之心，促进孩童"知、情、意、行、体"全面发展，助力教师实现品质工作、健康生活。

历史传承

厚实的校园文化底蕴不是一蹴而就的，它需要一代又一代地传承，是不断丰富、长期积淀形成的。对幼儿园文化的建构，只有站在传承的立场上才能站得更高、看得更远。

一、播种幸福、共建家园

广东省惠州市机关幼儿园创办于1963年，原名为惠阳地区直属机关幼儿园，坐落于惠州美丽的西子湖畔。在建园初期，幼儿园只有小、中、大各2个班，园舍是简陋的四合院式砖瓦结构房屋，是一所全托制幼儿园。20世纪60年代，我国社会经济发展还处于相当低下的水平，又正值遭受三年自然灾害，国内国际形势内忧外患，社会的建设与发展需要更多年青一代去奉献甚至牺牲，全托幼儿园的创办为正在积极建设、保家卫国的公务人员及部队官兵提供了后勤保障，解决了他们的后顾之忧。

20世纪60年代全托制幼儿生活

幼儿园第一届毕业生

惠州市机关幼儿园第一任园长李娴女士，曾是广东人民抗日游击队东江纵队的一名小战士，切身的战斗经历让她体会到幸福生活的来之不易与和平的深意，构建幸福家园成为她一生的追求。在"文化大革命"时期，尽管全国的学前教育事业遭到了全面破坏，幼儿园的教育性质被恶意诋毁，但在李娴女士的带领下，惠州市机关幼儿园的开创者们，秉持以园为家、服务社会的集体主义精神，秉承"一切为了孩子，为了一切孩子，为了孩子的一切"的办园宗旨，在当时物资极度匮乏、条件相当艰苦的情况下，坚持办园，坚守岗位，竭尽全力创造条件，为孩子们创建"幼儿园像我家，老师爱我，我爱她"的幸福家园。

二、不忘初心、坚持不懈

党的十一届三中全会后，我国学前教育发展发生了重大变革，教育部相继颁发了《幼儿园管理条例》《幼儿园工作规程》《幼儿园教育指导纲要（试行）》等政策法规，标志着学前教育由全保型转向保教型，并逐步走上了法治管理的轨道。1979年，我国经济体制由计划经济向商品经济转型，随着改革开放的深入与市场经济的调整，惠州市机关幼儿园也同全国各地许多幼儿园一样，进入了社会主义市场经济转变的新时期。

这一时期，幼儿园经历了楼房园舍的全新改造、幼教性质的重新确定、管理模式的全面改革及教育观念的全面更新这四大变化。广大教职员工在社会主义市场经济的浪潮中，在创建幸福家园的征途中，始终秉承"三个一切"的办园宗旨，不忘初心、坚持不懈，锤炼出诚信、内省、协同、担当的团队精神，并于1996年被评为广东省首批省一级幼儿园，成了惠州市第一所省一级幼儿园。

三、精耕细作、收获成长

进入21世纪，我国相继出台了《面向21世纪教育振兴行动计划》《中国儿童发展纲要（2001—2010年）》《国家中长期教育改革和发展规划纲要（2010—2020年）》《国务院关于当前发展学前教育的若干意见》《3—6岁儿童学习与发展指南》等政策法规，这些政策法规体现了当代儿童发展观、整合教育观、生态观、可持续发展观、终身教育观等内容，与时代发展的多元性、

开放性、创生性和整体性等特点相契合。

在这一时期，惠州市机关幼儿园紧跟时代教育变革的步伐，以更高、更阔的视野审视幼儿园的发展。自2010年以来，幼儿园以共建"乐园、家园、学园"为目标，不断深化文化建设，坚持"环境育人、文化塑人、共生成长、健康发展"的办园理念，倡导"向真、向善、向美、向上、向好"的道德风尚，围绕"知、情、意、行、体"的教育重心，培养"乐学、乐思、乐享"的全面发展的孩童，以实现幼儿园和谐、持续、健康发展。

构建路径

一所有品质追求的幼儿园，应该在教育改革发展的实践中，依据教育生态学理论和幼儿园文化建设的需要，把自身看作有机的生命整体，将自身发展和进步看作一个复杂的生态系统工程，以跨学科的视野逐步孕育并形成自己的生态文化。

一、物质依托路径

有人说建筑本身就是一件艺术品，是凝固的艺术。现代建筑设计应强化创新意识、美学意识和生态意识，融入天人合一的生态哲学精神。而幼儿园建筑作为育人的主要场所，其特定的功能决定了其整体规划、建筑风格、布局设计要体现儿童特色与幼儿园文化的内涵。

惠州市机关幼儿园处于惠州市区繁华地带，园内环境优美、清新雅致，是一块闹中取静的学园、乐园及花园。占地12500平方米，主要教学楼建于1984年，建筑面积为5536平方米，园舍独立完整，教学楼主体结构融合了传统建筑的风格，采用中国传统建筑四合院式的"回"字形布局，以突出"家"的理念与氛围。20世纪60年代末，国内国际形势复杂，全国各地广泛响应"深挖洞，广积粮"的号召，大力开发防空洞等战备设施，因而现在的教学楼就是建于20世纪60年代3000多平方米的防空洞之上。幼儿户外活动区以教学楼为中心划分为下操场、上操场、中心操场及后山乐园四大块，共同构成园区整体规划错落有致的格局。

园区

作为一所建设于20世纪80年代的老园，随着时间的推移，原有的办园条件已无法满足时代的需要，以生态学思维审视幼儿园办园硬件条件的提升与改造，应注意遵循以下几个原则：

一是坚持整体规划、分步实施的原则。围绕幼儿园和美生态文化的主旨，从主体框架、结构层次、区域布局、形式要求、材料内容、品位标准等方面进行整体规划与设计，力求自然环境与人文环境的协调、主流文化与个性文化的兼顾。惠州市机关幼儿园的LOGO于2012年进行重塑升级，园标的整体色彩重新确定为棕、黄、绿，并将此三色作为幼儿园主体色彩；LOGO以树的外形作为主体形象，取"十年树木，百年树人"之意，蕴含建设绿色家园的寓意。物质是文化的载体，文化元素需要物质加以依托，才能呈现其文化价值。在其后的园舍整修及园区各项改造中，力求体现出让幼儿园里的每个物件都能作为文化符号，每个角落都承载着文化信息，充分发挥幼儿园文化的综合功能和育人效应。

园标第三代

　　二是坚持因地制宜、因势而造的原则。幼儿园的场室区域一般分为户外区域与室内区域，室内区域又划分为各班配套活动室与集体功能室等。在园区场所的改造中，根据幼儿园文化的内涵，凸显因地制宜、因势而造的自然生态美。幼儿园下操场地形开阔，场地中心有两株凤凰古树，因而在下操场改建中，专门创设了围绕凤凰古树的椭圆形幼儿活动沙池、幼儿玩石区等，并围绕古树搭建原木花架，形象地诠释了幼儿园LOGO蕴含的深刻寓意；同时，将防空洞挡护墙改造成幼儿园文化长墙，展示幼儿园的校园文化。

园区凤凰古树

文化墙

　　上操场位于教学楼大门正前方，我们利用教学楼屋檐遮风挡雨的特点，在屋檐下设置游戏材料储藏小屋，方便幼儿对游戏材料进行自主管理。中心操场占地近800平方米，具有场地方正、安全便捷的特点，我们将之定位为幼儿运动场地，创设了幼儿轮胎运动区、幼儿交通游戏区和大型体育器械区。2019年，中心操场进行全面改造，地面全部采用悬浮拼装地板，在外观整体设计上，以标有幼儿园创建年份1963的书本图案为整体造型，寓意为我们在这片土地上不

中心操场

断演绎快乐幸福的故事，用行动来书写发生在这里的点点滴滴，这点点滴滴终将汇入惠州市机关幼儿园文化的长河，载入幼儿园发展的光辉史册。在园区教学楼后侧，原有一块荒废的占地约1000平方米的后山，幼儿园分别于2004年、2016年两度开发改造，如今，后山创设了幼儿种植园、果树走廊、斜坡运动区、阳光小屋等，绿化景观疏密有方、错落有致、深浅有度，花架、水池、绿色长廊等人文景观相映成趣，成了孩子们喜欢的趣乐园。

趣乐园鸟瞰图

趣乐园

三是坚持环保开发、突出主体的原则。充分利用幼儿园三维空间进行环创，体现儿童化、美观化、教育化、艺术化的特点，让师生在耳濡目染中感悟到人文的韵味、情调，体验到幼儿园文化的精神与气质。在倡导环境与活动材料简约环保的同时，鼓励教师、幼儿积极参与到教育环境创设与改造中。例如，将幼儿园户外游戏区域的开发权交给教师与孩子，由各班教师和幼儿一起来开发创造，从游戏区域的选址、命名、材料管理、规则制定到场地维护等都由班级全面运营，赋予大家更多的主动权与选择权。这一做法不仅体现了在共创幸福家园中共生成长、健康发展的办园理念，更深化了幼儿园和美文化的含义。幼儿园园徽、园旗、园服等是物化的文化，设计创作要充分体现园所办学思想、育人目标和整体风貌，同时，其设计与创作过程更需要广大师生的参与，在参与标志的设计及制作中，教师们的主体性得到进一步发挥，集体主义意识得到增强，体现了教师以主人翁姿态传承与发扬幼儿园文化的精神风貌。

二、意识导向路径

哲学、价值观等意识形态是文化的核心，即作为主体的人，对外界事物做出感官感知和思维过滤后，将它们沉积于内心，从而形成意识形态。观念形态是人的所有外在性的文化表现及文化行为的内在根据和精神本源。生物学说明了人的行为文化源于其意识形态的引导，而人是文化的关键载体与主体，由此幼儿园生态文化建设首先要发挥对人意识形态的导向作用，才能凸显具有生态指向的办园理念与思想，彰显幼儿园个性发展特色。

1. 对和美文化意识形态的显性提炼

惠州市机关幼儿园在多年的创办实践中，坚持法治与情理同步的原则，结合自身的发展历史及独特的地域文化底蕴，不断丰富文化内涵，努力构建切合实际又独具特色的幼儿园文化，形成了具有"共生、共意、共济、共治、共立、共建、共乐、共爱、共愿"等价值理念的和美文化体系。

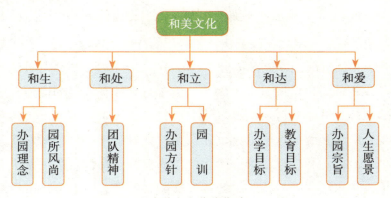

和美文化价值体系

（1）以共生为指向的办园理念：环境育人，文化塑人，共生成长，健康发展。

（2）以共意为指向的园所风尚：向真、向善、向美、向上、向好。

（3）以共济为指向的团队精神：诚信、内省、协同、担当。

（4）以共治为指向的办园方针：依法治园，以德治教。

（5）以共立为指向的园训：璆璆如玉，珞珞如石。

（6）以共建为指向的办园目标：乐园、家园、学园。

（7）以共乐为指向的教育目标：乐学、乐思、乐享。

（8）以共爱为指向的办园宗旨：一切为了孩子，为了一切孩子，为了孩子的一切。

（9）以共愿为指向的人生愿景："悠"时光。

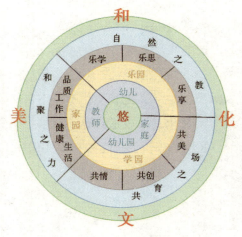

"悠而优"发展图解

2. 追求内部与外部文化协同建设的和谐之美

在幼儿园文化创建中应注重内部与外部文化建设的协同开展，秉承办园宗旨，结合办园理念，努力提升自我内涵，树立良好的自我形象，不断加强园风、教风建设，努力塑造良好的外部形象，在幼儿中树立幸福乐园的形象，在教师中树立成长家园的形象，在社会中树立优质学园的形象，三园齐奏唱响和谐之美的主旋律。

三、制度支撑路径

制度是文明的沉淀，文明是制度的精华。制度文化是组织文化的重要组成部分，表现为全体成员共同遵守的行为准则和认同的价值观念体系，是适应物质文化的固定形式，也是呈现精神文化的主要机制和载体。在幼儿园和美文化的建设中，制度文化显示出强大的力量，体现了在刚性制度制约之下对员工的保障与激励，同样也体现了员工对幼儿园制度的认同与维护，它是夯实幼儿园和美文化的基石。

1. 建立泛化组织，弱化强权，显生态共济之美

传统的幼儿园组织机构跟普通学校一样，实行从园长到副园长、主任、年级组长、班主任到普通教师等多层级的管理结构，管理权力释放呈从上至下的金字塔结构，管理权力全部集中在塔顶。而生态型的管理机制则要求组织机构扁平化，构成多个团体、多个机构、多个主体的有机整体，产生管理的联动效应从而达到管理效益的最优化。近年来，惠州市机关幼儿园探索推行志愿者计划、项目人计划等，实行协同自治、同步管理方式，营造良好的团队自组织生态环境。由教师组成的学习发展共同体，以灵活、自主的机制发挥了同伴互助、互促的作用，成为推动教师专业成长的重要组织形式；由员工自发形成的"快乐坊"、社团等自组织，以丰富的内容、灵活的形式得到了大家的认可，成为幼儿园团队建设的主力军。如此富有生机的组织构建动力，就来自对权力的弱化。

幼儿园注重发挥行政组织与非行政组织的作用，形成党政工团齐抓共管的局面，各组织机构在倡导整体文化的同时，努力打造自身品牌，如党支部的"快乐坊"以快乐分享为主旨；团支部的"亲子义工队"倡导弘扬助人自助的精神；工会的"教工之家"体现集体的温暖与团队的和谐；行政工作的"悠时

光"描画了品质工作、健康生活的美好愿景。在幼儿园协同治理的结构中，倒金字塔的管理模式、共同体式的联合自治，将行政权力稀释与淡化，共同的价值观与目标成为个体源源不断的内驱动力，让内部组织机制更富有生机与活力，从而更高效地推动幼儿园朝更深的层次发展。

2. 注入柔性因子，同化硬质，显生态和顺之美

通常刚性制度的道德要求和教育意志具有强制性特征，对教职员工心理或精神会造成一定的压力与阻碍，因而在刚性的制度内容中注入柔性的生态因子，是和美文化构建与发展的重要因素。惠州市机关幼儿园以和美文化为导向，结合本园实际，实行减免方案、内部岗位竞聘方案、等级考评方案、团队梯度建设方案、自组织活动方案等，针对年龄段不同的教师、身体状况不同的教师及专业发展层次不同的教师、性格个性不同的教师在规范行为、任务目标、惩罚问责等刚性条目中设置不同的标准与要求，并融合个性文化发展需求，体现和美制度文化的正向性、变通性、适宜性与多元性，让刚性制度成为激励人、成就人的保障性纲领，在保障人与人、人与自然、人与社会的和谐共生中凸显制度文化的魅力。

3. 讲求弹性管理，化解刚性，显生态张力之美

人是管理中的关键要素，管理的刚性要求势必对人多维度的发展造成冲突，因而在执行制度时要善用权变方式，赋予传统刚性管理更多的弹性。一是实施以目标为导向的管理策略，让员工确立自身生态位，树立个人发展的愿景，幼儿园可根据需要搭建员工分享展示的舞台，展示的内容可以是自己的一本书、一项才艺、一个经验分享等，形式不一，内容不同，并将之与日常工作任务结合在一起，尽量避免重复性工作，这种管理方式可以去除过程中硬性执行、强制监管的因素，以完全自主的方式，让员工在实现自我的过程中找到发展的方向；二是实施以过程为导向的评价机制，在传统教育管理中评价往往是金字塔顶的特权，教师被动地接受外在的评价，而忽略了个体自我认同的积极建构。幼儿园额外加分制的评价形式，是对传统管理评价模式的突破，它主要是为了鼓励个体积极参与到各项教研活动或是团队活动中来，如将参与志愿者活动、支教活动等列入加分项目，不以活动最后效果的好坏为评价依据，而是只要参与就可以获得积分。这种评价方式可以激发教师潜在的创造意识，让教师在更加自由、自主的弹性空间里及行动过程中获得全方位的发展，实现

自我价值。

四、课程渗透路径

在创建幼儿的乐园、教师的家园、社会的学园的办园进程中，为培养"乐学、乐思、乐享"的孩童，实现共同成长与发展，惠州市机关幼儿园自然课程以国家政策、法规纲要精神为指引，融入了现代生态教育思想与内容。课程观是课程有效实施的前提，是课程的灵魂，是课程文化的呈现，惠州市机关幼儿园自然课程观主要包含以下三个方面的内容：

1. 立足幼儿，体现尊重生命的生态观

课程作为直面这一个体生命的载体，在人类文化传承中承载着非凡的使命，随着人类历史的发展与社会的进步，现代课程的价值取向也由以知识为中心转移到幼儿身心健康全面发展上，人们越来越意识到教育应回归教育本身，培养完整的人是教育的终极目标与起点。在现代教育变革与发展的滚滚洪流中，以幼为本思想成为教育实践的行动导向，要求教师从满足幼儿多样化发展的需求出发，在课程设计中关注生命并呵护生命，其教学过程必须帮助孩子们体验生命并润泽生命。

2. 立足生活，体现崇尚自然的生态观

社会生活融入了自然、社会、文化等不同领域的各种元素，为幼儿课程内容提供了充足的来源，是最朴素、最自然的教育素材。熟悉的生活环境、共同的生活经历与情感有利于幼儿对教育内容产生共鸣，从中汲取身心成长的一切必需因素，从而收到较好的效果。教师要充分利用周围社会生活资源，选择贴近幼儿生活的课程内容，同时重视教师、幼儿与周围环境因素的交互作用，更好地促进幼儿发展。正如陶行知先生所说，"生活即教育"，教育的目的就是帮助幼儿熟悉与认识世界、体验与感悟生活，可以说融入生活的教育是贴近教育本真的教育。

3. 立足共创，体现协同共生的生态观

共创的生活体验、相通的生活情感，有助于师生之间有思想、有情感地交流，让幼儿在交流中增强信任感与安全感，得到情感的满足。在共创中，教师并不是不断地调教幼儿，而是让幼儿主动参与到活动中，引导幼儿在活动中进行经验构建与体验自身的成长历程。幼儿园共创活动的形式与内容有很多，主

要分为以下几种：一是园区共创活动，如区域开发共创活动、教学活动材料收集共创、环境创设师生共创、劳动共创活动等；二是家园共创活动，如节庆家园同乐活动、家庭助教活动、家庭义工活动等；三是社区共创活动，如社区义卖活动、社区义演活动、捐助活动、送温暖活动等。"共"意指共同，体现幼儿、教师、家长三方的合力，是活动开展的主体；"创"，即开发与创造，体现孕育、生发、成长的过程。共创的方式，可以更好地促进社区、家庭、幼儿园文化的交融，创新了幼儿园课程建设的内容与形式，隐含了协同成长、共生共荣的生态喻义。

发展调适

世间万物无不处在一个彼此依存、相互牵制的网络系统中，这个网络系统其实就是一个运动系统，各种事物在不断地内部运动及与外部的调试中获得发展，最稳定的状态总在调节与适应中，调试与制衡伴随始终。幼儿园文化作为子系统同样适用，因而文化发展的过程也就是不断调适的过程。

一、内部文化与外部环境的适应

幼儿园组织文化的独特性、教育性、实践性和服务性成为有别于其他组织文化的本质不同，和美文化作为惠州市机关幼儿园的内部文化，也具有其自身独特的表达。创建于1963年的惠州市机关幼儿园，历经半个多世纪的风雨洗礼不断发展与壮大，优良的历史传统、科学管理方式及广大温良勤勉的教职员工培育出独特的组织文化，这种每个教职员工认同和接受的价值理念，渗透于幼儿园教职工的教育活动与行为中，发挥着规范与约束、激励与导向、凝聚与辐射的功能，成为实现乐园、家园、学园的办园目标的决定性力量，是幼儿园不断前进、发展壮大的动力源泉。当然，任何一种文化不可能孤立于外界环境而存在，和美文化并非无源之水，它诞生于优秀的中华传统文化之中，与外部环境文化如同一个整体而不可分割、彼此联系，是外部环境文化的反映或是缩影，同时外部环境文化又为和美文化提供了源源不断的养分资源，滋养和丰润和美文化的内涵。

下面有必要对外部文化环境进行分析，从环境宏观系统来看，和美文化源于中国传统和文化，人们对和文化的崇尚由来已久，孔子认为"君子和而不同"，孟子主张"天人合一"，这些思想主张构成和文化的内核，和文化是对中国传统文化的高度概括，是中华传统文化的智慧与结晶。在我国社会建设进程中，胡锦涛主席曾指出我们所要建设的社会主义和谐社会，应该是民主法治、公平正义、诚信友爱、充满活力、安定有序、人与自然和谐相处的社会。习近平总书记提出的"中国梦"，就是要全面建成小康社会，建成富强、民主、文明、和谐的社会主义现代化国家，实现中华民族的伟大复兴。可见和谐理念成为我国领导人治国理政的基本要义，它是对中华传统和文化的传承与发扬，更是对马克思主义和谐理论的继承和发展。惠州市机关幼儿园位于惠州惠城区，惠州地区地处东江流域的中游，是广府文化区与客家文化区的交会处，北宋、南宋以前，惠州文化发展同广府文化同宗同源，从属于广府文化；明清以后，客家人沿东江而下，流寓惠州，这样惠州文化又吸取了客家文化、潮汕文化的精华，和合为自己独特的文化，呈现出开放性、兼容性、熔铸性、时代性、创新性、重教尚文、尚武而矜气节的独特品格和独有风貌的文化景观。特别是改革开放以来，惠州作为粤东门户向世界开放，惠州人民以崇文厚德、包容四海、敬业乐群的惠州精神，书写"新客家老客家，来到惠州就是一家；本地人、外地人，到惠州工作就是惠州人"的和谐篇章，如今融入多元文化的惠州正以崭新的面貌，在粤港澳大湾区协同发展中发挥着不可替代的作用。可见，包容多元的惠州地域文化为幼儿园文化建设带来了得天独厚的条件，滋养了园所内部和美文化因子，奠定了和美文化的根基。无论是地域文化，还是更为宏观的外部环境文化，都是人类智慧的结晶，是科学与进步的象征，表现为社会的主流思想，它也是组织内部文化的灵魂所在。

基于此，在内部文化与外部环境的适应中实现和美文化的发展，可以做三个层面的理解：一是内部文化不可能脱离外部环境而存在，内部文化应建立在外部环境文化之中，因此应以开放包容的姿态，理顺各种文化类型之间的有机联系，吸收系统外因素进入内部系统，调整内部系统的结构关系；二是内部文化作为独立体，其独特性是其自身存在的基础，因而寻求文化的独特性是组织及组织文化发展的必然。独有的组织文化具有稳定性的特征，在开放的体系中有必要对外界游离文化、异质文化进行必要的选择与过滤，采取选择性、封闭式是幼儿园文化生态性发展的前提，也是形成幼儿园独特和美文化的前提；三是内部文化与外部环境文化具有相辅相成的关系，没有外部文化的滋养，内部文化就如同无源之水，而内部文化的独特与差异性又丰富了外部的环境文化，让外部环境文化之河更加波澜壮阔。

二、短期效益与长远发展的衡量

效益是衡量一个组织健康发展的基本指标之一，效益为组织发展带来可能，它是组织发展的基础与前提。在幼儿园组织与管理中，把握好远近效益、深浅目标的平衡是关键。如果一味追求短期效益，势必会阻碍组织文化的良性发展，甚至会葬送组织发展前程。如果没有长远发展目标，就会让组织发展失去方向，处于盲目发展状态，无法构成凝心聚气的文化力量。当前人类正处于前所未有的生存困境中，如环境污染、能源危机等一系列全球性的问题，如此状况折射出人类自身的文化取向、态度，也验证了"作茧自缚"的因果报应。因而，要实现自身及人类的可持续发展，就必须跳出狭隘的个体利益文化圈子，以更长远、更广阔的视野去看待人与自然的关系。那些追求短期效益、即时效应的价值取向，势必会造成全球性的生态破坏与人类生存危机，如果人类不能实现这种文化的超越，颠覆与毁灭自身的正是人类自己。

和美文化渗透着与自然、社会、人类及自身和谐共处的思想，促使广大教职员工在教育实践中自觉树立整体观与系统观，立足现实，关照未来，培养"乐学、乐思、乐享"之孩童，促进幼儿知、情、意、行、体全面发展，坚守"你的三年我的永远"之誓言，让幼儿三年"幼时光"绵延至一生的"悠时光"，催生和美之花幸福绽放。

三、个性发展与整体文化的融合

由于个体依照自身的文化理念表现出自我的行为，这种个体行为处在外部不同的文化环境中，自然会接收到外部不同环境带来的刺激，并针对刺激表现出相应的自我调整。因此，个体文化因其自身调适与形成环境的不同表现为独有性的特质。这些刺激包括个体之间的认同与排斥，也包括管理中的激励机制、奖惩制度、考核标准等内容。个体之间的刺激有随机性和互动性的特点，其作用是双向和互动的，刺激方也会根据对方的反应进行自我调整，在彼此适应的自调节中文化观念趋于一致，逐步形成内部整体主流文化。富有生机的内部文化是实现组织目标的精神力量，与组织及员工个体的价值实现形成正相关。

可见，个体文化的相互协同是整体主流文化构成的基础，无数个体文化的有机整合形成整体文化，个体文化观念间的相互适应，丰富了整体文化的内容，是园所整体文化形成的必要条件。

基于这样的认识，构建幼儿园和美文化，应该把内部整体文化与个体发展有机融合，以"琭琭如玉，珞珞如石"为园训，培养"玉润石坚"的人格品质，以德育人，以志励人。倡导向真、向善、向美、向上、向好的道德风尚，坚持以师为本、以幼为本，营造适宜个体充分发展、鼓励多元与创造的文化生态环境，促进员工及幼儿富有个性地发展，从而实现师幼共生成长。和美文化讲求师、幼、园之间的和谐；讲求师、幼、园个体内部环境的和谐，是园所整体价值认同与个性文化张扬的和谐统一，体现了整体性与个体性的融突和合。

四、异质文化与同质文化的共生

矛盾性是事物存在的基本属性，事物总是在矛盾运动中调适与发展，当然，文化也不例外。文化主体总是将自己所属或同质的文化视为集体文化自我，而将另一种或不同的文化视为异质文化。异质文化作为文化主体的他性或是矛盾方，在文化的创生发展中发挥着关键作用，两种不同的文化在矛盾运动中磨合、交融，从而衍生出新的文化，在这种碰撞中伴随着对异质文化的有效吸收或是同化，对主体文化消极成分的剥离。

有人将文化比作一条从"过去"经"现在"流向"未来"的长河，它在传承发展中生生不息，呈现稳定而又创生的特点，新的文化不能脱离主流母体文化而存在，新兴的文化元素总是在主体文化长河的激流跌宕中发展前行，主体文化本身就是在不断创造中生成，又在不断否定中创造新生。可以说，文化演进的过程其实就是同质文化与异质文化矛盾运动的过程，同质文化与异质文化作为两种不同质的文化，自文化主体产生之初便存在并伴随文化发展始终。

参考文献

［1］张立文.和合学21世纪文化战略的构想（下卷）［M］.中国人民大学
出版社，2016.

［2］周洁.惠州地域文化背景下的幼儿园课程开发［J］.教师，2018（5）.

［3］徐书业，朱家安.学校文化生态属性辨证［J］.学术论坛，2005（5）.

［4］向跃进.用文化来管理和引领学校发展关于构建学校文化生态的几点
思考［J］.科学咨询（教育科研），2009（2）.

［5］邹广文.人类整体发展时代的文化创新［J］.求是学刊，2009，36（3）.

［6］任凯，白燕.试论幼儿园文化建设的生态观［J］.天津市教科院学报，
2014（5）.

［7］李爱军.对构建和谐社会的认识［J］.科技创新导报，2008（7）.

［8］张保伟.略论社会的生态化潮流［J］.科技管理研究，2008（3）.

［9］李改.生态文化视阈下的学校文化建设［J］.教育与职业，2013（17）.

［10］杨艳蕾.教师文化的能动影响及其涵育之途［J］.现代教育管理，
2015（10）.

［11］吴小钢，石占琳.确立绿色生态文化回归教育的原生态［J］.发展，
2011（2）.

［12］黄长平.生态型学校发展［M］.成都：四川教育出版社，2015.

［13］南文渊，卢守亭.对生态文化的一点认识［J］.大连民族学院学报，
2010，12（6）.

［14］张莉.创新校园文化建设推进和谐校园构建［J］.社科纵横，2013，
28（4）.

［15］李晓文.青少年发展研究与学校文化生态建设［M］.北京：教育科学
出版社，2010.

［16］邓小泉.中国传统学校教育生态系统的历史演化［M］.苏州：苏州大
学出版社，2014.

［17］许卓娅.学前教育与历史生态观［M］.南京：江苏教育出版社，2006.

［18］郑葳.学习共同体文化生态学习环境的理想架构［M］.北京：教育科

学出版社，2007.

[19] 曾繁仁.生态美学导论［M］.北京：商务印书馆，2010.

[20] 薛烨，朱家雄.生态学视野下的学前教育［M］.上海：华东师范大学出版社，2007.

[21] 易丽.文化生成：营造学校发展新生态［M］.南京：江苏教育出版社，2011.

[22] 刘友霞.创建生态学校：同济二附中可持续发展之路［M］.上海：上海教育出版社，2011.

[23] 孙晋芳.学校文化解读［J］.吕梁教育学院学报，2013（3）.

[24] 齐左联.奏和谐音符　创和谐社会［J］.河北省社会主义学院学报，2007（2）.

[25] 姚国辉.中国学前教育政策史系统分析研究［D］.陕西师范大学，2008.

[26] 熊桂玉.习近平的和合思想及其当代价值［J］.湖北行政学院学报，2018（2）.

第二章
和聚之力
——人与环境

2

德国心理学家库尔特·勒温（Kurt Lewin）首次提出"场"动力理论，他认为，群体中个人行为的方向和强度取决于个人现存需要的紧张程度和情境力场的相互作用关系。1933年，他将"场"理论用于研究群体行为，提出了群体动力的概念。所谓群体动力，是指群体活动的动向，而研究"群体动力"就是要研究影响群体活动动向和效率的各种因素、这些因素之间的相互作用及群体成员之间的关系和协调过程。当然，群体动力离不开群体环境这一重要条件。群体环境包括群体中个体之间的相互协调及影响组织效能的各种因素的相互作用与关系。群体环境中的各种要素相互作用，影响着群体的行为方向与强度，从而决定了组织效能的高低。

随着社会的发展与进步，现代组织管理进入后现代主义时期。衡量组织的发展，关注的不仅仅是绩效水平，还有效能指标。效能不等同于绩效，绩效是行为的直接结果，是任务的完成和管理目标的实现；而效能是基于组织价值的评判，是组织目标的完成情况，体现更高层次的组织内涵。对组织效能的追求是组织可持续健康发展的必然要求，体现了后现代主义流派鲜明而独到的生态意旨。

近年来，惠州市机关幼儿园团建工作着重于对群体环境的研究，以和聚之力打造高效能团队，注重个体内部身、心、灵的协调平衡，焕发出自主、自立、自治、自爱的积极状态；注重外部良好生态环境的营造，从内到外、由外及里地形成共生、共存、共享、共荣的群体氛围。"和聚之力"意为在组织团队中自然形成的合聚、协同、向心、和洽的作用力，它是指群体成员之间，包括自身内部及个体与团体相互之间各因素的融洽协同程度与紧密度，是推动工作、个人事业进步与发展的力量。团队效能是衡量幼儿园团队健康发展的重要指标，而和聚力为提升团队效能提供了动力之源。结合惠州市机关幼儿园团队建设的实际，现从个体自身及人与外部环境中的文化、人际、规则、组织等方面来阐释和聚之力。

55周年老员工回家

建党98周年员工合影

逛庙会过新年

个体自身

从教育生态学视角观察教师发展环境，幼儿园设备设施、课程教材、组织文化、人际关系、知识传递、个体生命因素等生态因子构成了影响教师发展的生态圈，教师作为发展的主体，个体生命系统是教师发展的基础和重要的内生态，它包括发展主体的生理及心理环境或状态。

新的时代要求教师在具有社会公民基本素养的基础上，更要具有自我发展的意识与终身学习的概念，通过自开放、自生长、自调节、自完善的方式，不断丰富自身文化知识，提升专业技能，培养高尚的道德情操与职业精神。可见，健康的内生态是教师专业成长与发展的沃土。那么，如何形成健康的内生态环境？建立良好、健康的生命系统是前提，如此才有可能与外部环境各因子充分交互影响、碰撞调适，形成个体内部能量场而生发和聚之力，成为促进教师自我发展的内部推动力量。因此，教师的健康心理与良好心态是教师成长的关键因素，在教师发展中产生决定性的影响，但它往往也是最容易被忽视的问题。

一、营造健康心理环境

1. 提升自我效能，积聚内部力量

个体生理与心理因素决定了人对外界事物具有不同的理解与认识，不同的人面对同样的心理压力情境或事件，会产生不同的意识和认识差别。教师也不例外，教师的职业压力与内在自尊感、自我效能感和控制点等人格特征具有直接的相关性，教师在应对压力的时候也是考验自我效能感的时候。通常自我效能感低的人，抗挫能力差，焦虑、紧张等心理问题也伴随而来。这就需要教师在工作与生活中要有意识地加强这方面的训练，不断提升自我效能感，调节自身心理压力。

（1）不断体验成功

研究表明，个人自我效能感的形成与个人的成功经验有关，教师可树立"自己跳一跳可以够得着"的目标，在不断地达成目标与获得成功体验中增强自我效能感。

（2）专注解决问题

为避免持久沉迷于失败和焦虑之中，面对各种问题情境与压力时，要多采用"问题应对"策略，以一种积极的心态去面对各种压力，把自己的注意力集中于"怎么做"上，养成正向面对问题与解决问题的主动型人格。

（3）改善工作绩效

工作绩效是证明自身价值、获得他人认同的最好体现，因此，主动适应，投入更多的精力来改善工作绩效，可以提升个人工作成就感及社会地位，从而自尊感和自我效能感得到进一步增强。

2. 改变归因方式，强化积极态度

在工作和生活中，教师的许多心理压力和情绪问题都与个体的认知评价模式和归因方式直接相关，按照控制源的不同，可将原因分为外部因素和内部因素两类。比如，在班级环境创设评比中，有的教师未能取得好的成绩，认为是检查小组评判不公，而表现为情绪低落或抵触，就其本身来说虽然获得了一时的心理平衡，但与此同时，消极思维模式也得以强化。消极思维模式认为，影响事物发展、属性的外因是关键或决定性因素，而主动性心智模式就完全不同，把内因作为关键或是决定性因素。

由于外因是不因自我而改变的环境，内因可以自我调节与改善，通过自己的积极调整而使事件发生改变或趋于完善，是可控的，也是容易达成的，并且始终对自己充满信心，因此，主动性心智模式富有建设性与主动性。教师应主动养成将消极的认知观念和情绪从意识里清除的习惯，通过归因训练，培养积极的归因方式及正向情绪，把事情发生的原因归结为个体可以控制的内部因素，如个人能力、努力程度等，在自己可控的条件下不断改善工作与学习，收获优良的工作绩效。

3. 主动获取支持，释放负面压力

建立和妥善地运用社会支持性系统，是教师心理健康建设的有效途径。有研究显示：缺乏社会支援的人无法妥善地应付职业压力，社会支援较少的人对职业压力调适也比较差，孤独的人表现的不适宜行为比喜欢与别人相处的人多，等等。基于此，幼儿园可以组建具有共同兴趣、共同理想的社团组织，如心理咨询室、合唱队、舞蹈队、书社、摄影等不同类型的社团。在丰富多彩的活动中，社团成员之间互相认同、彼此接纳、互相支持，有利于成员获得友谊与心理的归属感，并相互提供精神支撑与依靠，这样的群体氛围会有助于缓解教师身体以及心理上的疲劳与倦怠。同时，教师需要心理支持与帮助时，可以更快地得到团友的支持，来自同伴之间的心理支持，是教师释解压力的有效方式。

4. 掌握调节技法，消解不良情绪

消极的情绪体验是造成心理健康问题的头号杀手。常见的情绪自我调节方法有：

（1）安静疗法

放下当前棘手的事情或问题，换一个安静舒适优美的环境，放空自己的大脑，不去想当前的事。

（2）活动疗法

有意识地做一些有趣的事情，或是参与自己平时不愿参与的活动，及时转移情绪目标。

（3）宣泄疗法

争取亲友及社会上其他人的理解与支持，及时发泄自己的愤懑与不满。

（4）音乐疗法

由于每首乐曲的节奏、音调不尽相同，表现出不同的情绪调控效果，人的情绪很容易转移到对音乐的感受上来，美妙的音乐可以使人体的能量被重新激发与调动起来，从静态变为动态。

（5）自嘲疗法

降低对自我的要求与期许，安慰、体谅自己。自嘲的方式可以有效消除内疚、不安等不良情绪，也反映出个人的自信魅力及对自我情绪的把控能力。

二、营造个性发展环境

生态位是生态学理论中一个极其重要的概念，是指在生态系统和群落中，一个物种与其他物种相关联的特定时空位置和功能地位。团队作为一个组织体也适用生态位原理，在团建工作中，让教师充分了解自己与环境的所处位置，明确自我发展目标、群体规范要求、成员责任分担等内容。同时，充分尊重个体差异，搭建教师发展平台，提供适宜的个性发展与成长的环境，建立完善的自主发展机制，从而实现个体与组织的共同发展与良性循环。下面以惠州市机关幼儿园教师梯度发展模式为例做进一步说明。

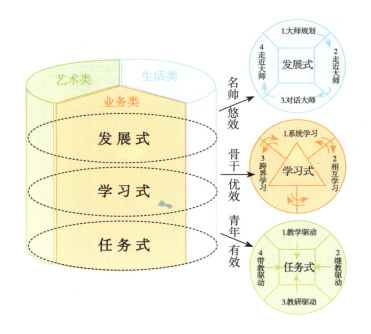

1. 单一分层式

惠州市机关幼儿园教师具有专业技术人员60名，按入职时间进行层级分类，可分为青年教师（10年以内）、骨干教师（10—20年）、资深教师（20年以上）。不同层级的教师具有不同的优势及"短板"，因此需要抓住不同层级教师发展的特点设置有针对性的培养内容，将教师学习做人做事、教学技能培养和发展应用能力、培养综合素质的全过程分为相对独立、互相支撑的阶段，构建"有效、优效、悠效"三层级渐进式人才培养体系，只有分层实施、分步推进，才能收到预期的培养效果，成为教师职业发展及个人终身发展的助推力。

（1）实施"有效"青年教师培养工程

第一层级的青年教师（10年以内）是幼儿园教师队伍的新生力量，主要处于从感受职业生活到成为合格教师的阶段，他们关注的往往是具体的操作，以及是否圆满完成工作任务。他们朝气蓬勃、积极进取，理念更新快，学习能力强，是一支有活力、有冲劲儿、有追求的教师队伍。但他们工作时间短，往往缺乏教学经验，特别是刚从学校毕业就职的新教师，在理想与现实、理论与实践之间有一定的脱节，一时无法调整自身角色，难以适应新的工作环境，在思想上有动摇，在业务上有困扰。

因此，对于青年教师的成长重在有效培养，围绕有效性来设置培养课程内容，培养目标可定位于：角色适应—规范操作—有效教学。课程设置内容以训练基本教学技能和实践能力为主，强化师德师风建设，并补充学前教育基础理论知识，也学习部分专业基础课和专业课，比如组织"幼儿一日活动常规"观摩，开展"幼儿区域活动组织"研讨，组织幼儿园文化讲座，进行教师技能技巧大赛、普通话培训等课程内容。

（2）实施"优效"骨干教师培养工程

第二层级的骨干教师（10—20年）是幼儿园建设中名副其实的中坚力量。惠州市机关幼儿园骨干教师在教师队伍中占了31%，他们都获得了本科学历，54%的教师获得了区级以上学术荣誉，76%的教师取得了中级职称，53%的教师获得了区级以上综合荣誉。他们工作务实、自信积极，具有一定的业务能力与水平，在工作业绩上获得了外界的认同，在工作与生活、家庭和事业方面都处于快速上升阶段。他们愿意面对风险与挑战，有一种"不怕输"的精神，在这个阶段他们亟待更多、更大、更高的平台，以便得到锻炼与发展。

因而，骨干教师是幼儿园教师队伍建设中重点扶持的对象，培养目标定位于"经验提升—探索创新—优效教学"。幼儿园应整合多方资源，创造多元平台，促进教师在原有的基础上获得优效的发展，帮助教师尽快实现从合格教师到优质教师的角色转型。这个阶段的课程设置主要是满足教师在业务上拓展的需要，激发教师在实践中创新，比如，组织优质课等各类竞赛活动，开展不同等级的课题研究，开设系统的专业课程，组织案例分析等专题研讨会。

（3）实施"悠效"资深教师培养工程

第三层级的资深教师（20年以上）是幼儿园教师队伍中年龄稍长、资历较深的群体，是幼儿园建设中不可或缺的资源财富。他们积累了丰富的教育教学经验，安教乐教，敬业爱岗，有些教师刚从学校毕业就被分配到惠州市机关幼儿园，见证了幼儿园的成长与发展，与幼儿园建立了深厚的感情。他们中有多名获得省、市特教教师或优秀教师表彰，目前本层级中级职称教师的占比也高达87.5%。但随着年龄的增长及上升空间的逐渐变窄，这一年龄段的教师渐渐进入职业生涯的"退缩期"，在专业发展方面难以找到专业上升的路径，失去了以往的工作干劲儿与激情，普遍处于职业倦怠状态。因此，让资深教师走出"退缩期"，获得进一步的发展和超越，享受职业带来的悠然状态与自信从容，是幼儿园教师队伍建设的难点。

由此，要将资深教师作为教师队伍培养中需要激励的对象，把培养目标定位于"业务精练—卓越发展—享受职业"。在培养课程设置上关注不同教师个性发展的需要，帮助教师形成个人教育教学风格与教研建树，支持教师成为区域教育发展的引领者，发挥其辐射带动作用，让教师在不断提高自我效能感的过程中，享受职业的自信与快乐。比如，设置个性发展课程，创建项目组、教育联盟，组织教材编撰等等。

2. 最优聚类式

人是一个复杂的系统，由于年龄、兴趣爱好、个性、个人需求的不同，不同教师有不同的发展需求；同时，同一教师在不同的阶段或时期也表现出发展需求的不同。因此，促进教师队伍均衡发展及满足个体个性发展的需要，成为现代组织团队建设的重要课题。

近年来，惠州市机关幼儿园在团队梯度建设中，尝试将聚类原理与自组织建设相结合，积极推进自组织活动创新开展，以解决当前教师发展中遇到的难题。聚类与分类不同的是，没有预先依据的标准和标签，而是通过深入分析，找出事物之间存在聚集性的原因。分类是事先定义好的类别，聚类是在过程中自动产生或生成类别。聚类具有开放性、生成性和内联性。目前聚类分析被广泛运用于生物学、市场营销学、机器学习等领域，成为应用学领域项目管理中寻求突破与发展的主要工具。惠州市机关幼儿园自组织推进工作，坚持开放性、生成性和内联性原则，在梯度培养中运用最优聚类原理，促进教师多方面、多层次、多维度发展。

（1）创设开放性环境。

自组织和他组织概念，是从形成事物秩序的主导性作用的维度来归类的。自组织团体的形成是自动生发、自由产生的，自组织建设必须以开放性为前提，建立相对稳定的开放系统是保证组织不断适应外界新环境的必要条件。因此，管理者应充分尊重与保留原有人群类别，创设一个自由生长的团队生态环境。近年来，惠州市机关幼儿园建立了多级自组织团体，让员工充分选择、自由选择，如一级原生团体（七仙女群、垂钓乐群）、二级快乐坊团体（临时性的郊游、串门活动等）、三级社团组织（书社、舞蹈队等），并且对各级团体的数量、内容不做硬性要求，员工可以根据自身需求，成为各级团体的主持者或其中的成员。

（2）完善生成性机制。

① 组织自营方式：保证团体足够的空间，自行掌握全套组织运行规则的权利，在本团游戏规则的约束下，可自行决定对策和行动，如对原生团体的组织管理采取无须申报、先行后报的方式，当原生团体的内部需要支持时，可以先行后报，口头、书面均可。

② 激励支持策略：鼓励一、二级组织申报三级社团组织，并给予专项资金、时间与人力保障；对获得一定成效的组织给予鼓励支持；一、二级组织申报社团可以优先考虑或直接晋升。

（3）形成内联性聚类。

① 业务类：围绕业务工作生成的活动团体，如明心社团、静远书社等。
② 艺体类：围绕学习生成的活动团体，如K歌、舞点有约等。
③ 生活类：围绕生活休闲生成的活动团体，如美食主义、光影社、垂钓乐等。

明心社团活动

静远书社活动

K歌社团活动

舞点有约社团

光影社团作品

美食煮义社团

3. 价值内驱式

实现教师真正的发展，不仅要关注教师在职业生涯中由于时间的积累或延续而发生的可观察到的现象变化，还要关注教师内在情感与情绪的管理、健康心理素质的形成与发展等内在的质的变化。国外学者波亚兹和科伯

（Boyatzis＆Kolb）在此方面做了大量的研究，以教师的职业追求、动机为研究对象，考察教师职业追求对教师专业发展的影响，并提出了教师生涯成长理论。该理论提出，教师的生涯成长模式有三个：完成任务模式、学习模式和发展模式，不同的模式代表不同的价值取向，或是在这种价值取向下相应的职业发展模式，不同的模式决定了教师成长的发展状态。这三种模式体现了一个由低到高的发展过程，当然也不排除一个人具有一种或多种发展模式并存的现象。

（1）完成任务模式。

任务型的教师以完成工作为目标，专注于完成每项事务、每项工作，他们的特点是做事认真、扎实、有效，他们大多不追求荣誉与功利，属于工作勤勉且默默无闻的一类，这样的做事风格与为人处世，同样能促使其成为行业的名师名匠。针对这一类型的教师，在团队梯度培养中可采取以下的方式，促进其成长。

① 教学任务驱动。熟练掌握幼儿一日生活组织与管理、幼儿园基础性教育活动的组织与管理（学习活动、生活活动、游戏活动、体育活动）、幼儿园拓展性教育活动的组织与管理等内容。

② 学习任务驱动。开辟教工之家、备课室、资料室等，并建立线上与线下乐读书屋，为教师创造良好的学习环境与条件。帮助教师完成每年72课时的继续教育学习；党员教师完成支部学习教育任务；完成课题研究需要的学习教育等任务。同时，积极组织网络培训，提供外出培训学习机会等，在不断学习中促进教师更大的发展与提升。

③ 教研任务驱动。定期参加教研组、备课组活动，在集体备课、听课、评课活动中发表意或见建议；参加各类业务能力竞赛，如论文评选、课件制作评比、技能技巧大赛、优质课评比等；参与精品课程录制；参与各级课题研究等。

④ 带教任务驱动。担任课程、级组及班级负责人、教研员、保教主任等职，开设示范课、观摩课；参加结对帮扶、送课下乡活动；担任区域督教员、讲师；组建工作室等。

（2）学习模式。

学习型教师追求掌握新的知识和技能，他们的特点是学习能力强，对新知识、新理念能较快地吸收与内化。对于这种类型的教师，可以将其发展目标定位为学者精英，幼儿园应创新对学习型教师的培养方式，帮助其尽快成为领域的精英与引领者。

① 系统学习。鼓励教师制订个人学习发展计划，建立系统的学习规划与课程内容。同时，幼儿园应制订好完善的园本培训课程方案，让教师自主选择。通过系列培训，让教师掌握开展教育、教学、科研活动的基本方法，用于指导工作实践，从而全面提升教师专业能力与职业素养。

② 相互学习。根据教学相长的原理，教与学是相辅相成的，教师向他人传授经验与做法的过程，也是对自己的经验及理论进行不断修正的过程，从而让自己的教育理念或理论日趋完善。因此，幼儿园应努力创造条件，为教师搭建教与学的平台。比如，师徒结对活动、跟岗活动、入园诊断活动、成果分享会、教师论坛及主题沙龙活动等。

③ 跨界学习。学前教育课程涵盖了社会、语言、艺术、健康、科学领域的内容，以及教育对象的特殊性，决定了幼儿园的教学形式是集体、小组及个别教学相结合，课程内容具有综合性的特点，这就要求教师的知识结构应更加全面与系统，幼儿园教师应具备复合型人才的要求。因此，跨界的学习是对幼儿园教师知识结构的补充与完善。另外，外部行业优秀的现代管理模式与思维，也带给相对封闭的幼儿园教育与管理重要的启示与思考，为教师重构知识结构，拓展学习思维，提供了可以借鉴效仿的经验。比如，担任各行竞赛评委就是一个很好的跨界学习机会，在研读竞赛评价标准中，作为评委能较快地学习与把握该行业的特点与要求。同时，由于参与竞赛的个人或项目，往往代表本领域的较高水准，能较全面地呈现行业的现状与发展，评委通过现场的观摩与评判，不仅可以学习到该领域的业务知识，也增强了评委个人的综合分析与判断能力。另外，还可组织专门的跨行学习活动，比如，参访仲恺工业园，开展企业管理等专题讲座，校企合作活动等。

（3）发展模式。

发展型教师对自身的职业生涯乃至人生规划，都有一个较为清晰的认识，能朝着既定的最高发展目标一步步坚定前行。这类教师主要是年龄稍长、家庭负担较轻并具有一定教学资历与成果的教师人群。他们业绩丰硕、思境开阔、自信开朗、乐于分享，面对职业倦怠与专业发展"瓶颈"，能较好地进行自我

化解，从解决问题中获得成就感与满足感。针对这类人群的特点，幼儿园可采取四步骤培养方式，促其成为行业的名家大师，实现教师自我价值，享受职业的幸福。

步骤一：大师规划

鼓励教师树立成为"大师"的目标理想，让教师结合幼儿园整体发展的规划，厘清个人职业发展思路，制定职业发展规划，实现组织与个人的共同发展。

步骤二：走进大师

积极的人生信念是愉快工作的生发之源，是名家大师的基本品质，这种积极的人生信念既源自个人生活实践的体验，又来自对他人生活实践的关照。因此，要完成向"大师"的转型，必须走进大师的世界，感悟大师的品行修养与生活智慧，从而形成自身积极的人生信念与价值观。比如，深度阅读关于大师生活智慧类书籍或开展走访调研活动，深入了解教师崇拜的名家大师的生活点滴、思想观念、理论体系等，把大师的人生态度与信念投射到教师的意识形态之中，并对教师的价值观产生影响，帮助教师形成积极向上的人生态度与信念，培育大师一般的情怀与担当。

步骤三：对话大师

在人生价值追求的推动下，进入"与大师对话"的境界，教师需要通过学习领悟大师的教育观念与思想，不断吸收、反思、调整自己的教育观与儿童观。比如，阅读关于大师的教育新理念书籍，邀请知名学者、行业专家来园讲座，开设专家讲坛，结拜名师名家，出国考察前沿教育等，帮助教师了解教育发展新理念、课程改革新动向、现代教学新技术、专业发展新趋势等，为教师形成个人独特的教育思想与教学风格打下基础。

步骤四：走近大师

实现向大师转型的落脚点，是为了有效解决棘手的问题，创新开展教育教研活动，在实践中贡献自己的智慧与才华，引领和感召更多的教育同行。因此，幼儿园应利用好能够使教师充分展示才华的平台。比如，高端才人返聘，担任名师工作室主持人，授予"学科带头人"称号，推荐为国家、省级高层次人才重点培养对象等。让教师在挑战中获得成功带来的喜悦、欣慰、满足，不断向大师靠拢、看齐。

发展型教师"精读三本活动"思维导图

人与人

在自然界中植物要靠昆虫来传播花粉进行繁衍，而昆虫需要采食花蜜来生存；狮子与斑马在长期的相互斗争中，形成了相互依赖且适应对方的特征，这是一种共生依存、共同进化的关系。团队组织生态系统跟自然生态系统一样，组织成员为获得协同发展，共赢共存，就必须信息互通、资源共享，将专业化分工的优势通过物质、能量和信息的流动在组织生态网络中进行扩散，使整个组织系统的功能性放大，合作度与紧密度进一步增强，从而提升团队组织生态系统的整体运作效能。

可见，团队中人与人的积极互动及形成的协同力量对团队效能具有重要的影响。以合作为基础的开放性的团队网络结构，有利于系统中各因子进行充分物质、能量与信息交换，形成人与人之间的和聚之力，使其功能性不断扩大，从而获得组织效能的提升与教师专业发展。实践也证明，教师发展其专业知识与能力不完全依靠个人的努力，教师策略与风格的形成和改进，更大程度上依赖教师之间的协同力量。也就是说，教师在与同事相互提携、合作的过程中，可以获得更多专业领域的支持，把自身教学、研究反思推向更广、更深的位置，从而完善自己的知识结构，解决问题的能力进一步增强，个人需要与利益得以实现。

因此，实现组织与个体的共同发展，需要打破教师群体间的文化藩篱，克

服教师个人智慧生长的极限，构建以探究为核心的教师发展共同体，从而增强人与人之间的和聚之力，最终形成组织与个人协同发展、合作共赢的格局。

一、常规组织形式

1. 结对帮扶

根据幼儿园教研任务的实际，教师可自行选择教研项目或是微课题，同时自愿选择合作伙伴，两两结对进行共同研讨。通过备课互阅、相互说课、开放课堂等，增强教师间合作度，让同事成为自己教研的合作伙伴，采用两两商议解决问题的办法，在相互帮助、相互批评、相互关爱中，形成共命运、同荣辱的姊妹关系。

2. 同班会诊

班级是幼儿园的基础组成部分，由班级成员组成的小团队因为共同的工作任务、不同的分工及同班的情感因素而表现得比其他团队关系更为密切。因而建立良好的班风，发挥同班同伴的感染、带动作用，在师资队伍建设中显得尤为重要。幼儿园可以利用同班的便利条件，建立同班教师课堂随时听制度，由班级教师担任课堂随听员，及时对课程进行会诊。这种同班教师的相互评议制度，减轻了教师因为行政人员的督促检查带来的压力，让教师的教学表现更为真实、自然，让诊断更为客观、有效，也更有利于教师解决教学中的实际问题。

3. 级组研讨

年级组是幼儿园教师团体的主要组成单位，一般以幼儿学段来划分，分为小班级、中班级、大班级等。根据不同年龄段教师分工的不同，还可对各年龄段级组再做划分，分为小班级主班组、小班级副班组、小班级保育组；中班级主班组、中班级副班组、中班级保育组；大班级主班组、大班级副班组、大班级保育组等。

级组研讨的内容可以依据本学段幼儿年龄与认知特点来确定，或以组为单位在一定时期内确定某一领域或方向进行研究，并以此作为专项研讨的内容，如组成学科研讨、幼儿运动、游戏活动、环境创设等多项专项研究。专项研修小组主要是为了解决教师实际工作中的困惑，在实践中不断寻求解决问题的方法，通过集体备课、课题讨论、同行诊断、专家点评、成果展示、绩效评估等形式，打破限制教师专业成长的瓶颈，有效提升教师专业技能与水平。

4. 社团互助

社团组织就是一个小型的社会团体，组成具有共同兴趣、共同理想的社团学习组织，有利于增强教师之间的友谊，提升团队的凝聚力，激发团队的创造活力。幼儿园设置合唱队、舞蹈队、书社、摄影等不同类型的社团，以满足不同兴趣爱好、个性风格教师的需要，既突出教师的多元化发展，又促进了多元个性在群体中的融合。幼儿园建立社团学习制度，为不同特点、不同个性、不同风格、不同专长的教师提供了互通有无的平台，集聚了群体智慧与力量。

二、临时组织形式

组建临时性组织应把握好以下几个原则：目标统一原则、轻重缓急原则、合理搭配原则、行为规范原则、积极反馈原则。

1. 任务项目组

在幼儿园实际工作中，常常会碰到许多临时性的任务，我们可以针对不同任务的性质与要求，建立专门的任务项目小组，这种临时性的共同体组织不仅解决与完成了临时性的工作任务，更发挥了专项人员的聪明与才干。比如，公众号编辑组、课题研究组、园舍改造设计项目组、文艺编导组、园庆活动策划组等，这些临时性的组织以任务为中心，在有限的时间内完成目标、计划，体现了团队的协作性与高效性。

2. 自主学习组

每个人因为经历、学历、兴趣与能力的不同，表现在专业发展上也不尽相同，为满足不同人员的发展要求，幼儿园应尽可能地根据员工的个人专长、教学特点、实际困惑及个人职业发展需求，做好员工园本课程的规划与设计。

园本课程可分为必修课程与选修课程，在课程内容上应考虑实际需要与专业发展需求。在课程活动形式上采取参与式的培训方式，通过讲授、交流分享、案例分析、头脑风暴、实践操作、情景模拟等多种形式，达到培训与学习的效果。在课程选择上可采取自主选择的方式，在征求广大员工意见的同时，根据幼儿园队伍建设的总体要求，组织者事先做好课程设计，然后让教师进行自主选择。每一项课程将会组成一个新的临时性的自主学习小组，由此组

成的学习共同体，因为考虑了共同的需求与自主的意愿，使课程实施更为顺畅与有效。

人与文化

人类行为学研究表明，个体行为发生的整体环境包括个人和环境两个方面，个性特征决定了组织成员的行为需要和潜能，同时外部环境对个体行为也具有一定的影响力。这也说明了决定个体行为需要的不仅仅是个体内部因素，外部文化环境对个体行为动向与效能也会产生潜在影响。

在社会组织中的个体都有寻求群体归属感和认同感的需要，个体在长期的劳动生产实践中形成了共有的价值观和行为规范体系，并逐步积淀形成组织文化，组织文化对个体行为具有规范、导向、凝聚与激励的作用，促使组织成员产生行为认同并形成对团队的归属感。因此，组织文化如同一只巨大的手，牵引着人的思维与行为，将人心凝结成一股无形的力量。

园长应注重幼儿园文化的积淀、传承与创新，营造良好的组织文化氛围，加强组织文化与团队价值观的推广，形成明确的价值观与影响力，以一以贯之的方式指导与影响个人的行为，让员工建立对组织的依赖感，建立对同伴的信赖感，建立对文化的依附感。惠州市机关幼儿园在组织文化创新与发展中，以和合学的"和生、和处、和立、和达、和爱"五大原理为基点，构建富含"共生、共意、共济、共治、共立、共建、共乐、共爱、共愿"等生态特质与价值追求的和美文化体系，强化人与文化的深度融合，锻造了一支富有"玉润石坚"个性品质与"内省、诚信、协同、担当"团队精神的师资队伍，成为推进惠州市机关幼儿园生态化发展的决定性力量。

人与机制

机制是保障一个组织正常运行的轨道，人是组织中的主体，组织运行不可能离开人而存在，人的主观能动性是保障组织机制高效运行的前提。因此，完善组织激励机制可以最大限度地开发人的潜能，确保组织成员的行为始终保持在有效、有序、明确的前进状态，并获得职业的成就感与幸福感，实现其自我价值。下面以惠州市机关幼儿园为例作进一步说明。

一、组织激励框架

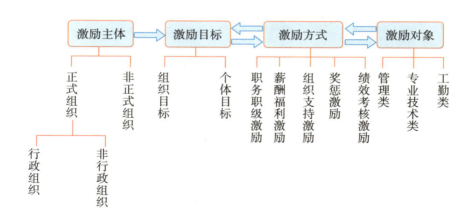

二、激励过程示意图

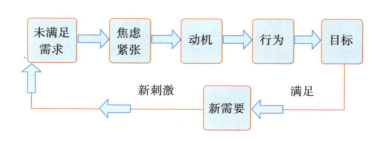

三、激励理论框架

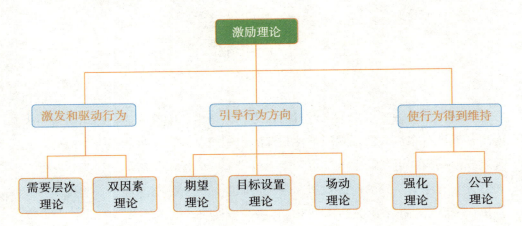

四、组织成员岗位框架

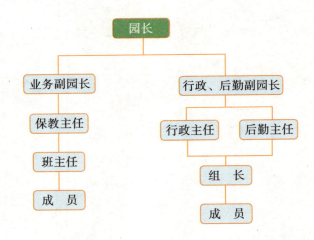

五、激励的方式

1. 职务职级激励

从2008年起，幼儿园核定编制人数为60。2014年，幼儿园核定编制人数为70，在编人员面向整个社会实行公开招考。自2013年起，实行事业单位全园聘用制。

（1）职务晋升激励。职务晋升是教师职业生涯进步的体现，它不仅意味着教师可以获得更多的薪酬和权力支配，也是教师教学水平、学识、工作能力得到肯定而获得的荣誉象征。惠州市机关幼儿园采取"三年一竞岗"的方式对所有人员进行内部岗位竞聘。

（2）岗位等级晋升激励。幼儿园属于公益二类事业单位，职级类型分为管理人员、专业技术人员和工勤人员。管理岗位分为科级、副科级、办事员；专业技术岗位分为高级（2、3、4、5、6、7级）、中级（8、9、10级）、初级（11、12、13级）；工勤岗位分为高级、中级、初级（3、4、5级）。惠州市机关幼儿园采取"三年一考评"方式对所有人员进行岗位等级晋升考核。

2. 薪酬福利激励

薪酬福利是影响员工工作态度、工作行为及组织业绩的主要因素。惠州市机关幼儿园重视工会活动的开展，将工会活动类型划分为慰问福利类、技能培训类、业余活动类等。

3. 组织支持激励

（1）培训与发展激励。

建立教学资源库、学习课程资源库；实施学习共同体培训方案；建立教师职业发展档案等。

（2）尊重与参与激励。

《职工代表大会制度》《家长委员会章程》《幼儿园集体议事制度》。

4. 绩效考核激励

惠州市机关幼儿园员工绩效考核工作实行月考、年考、期考（三年）相结合的方式，以下为月考、年考、期考的基本做法。

（1）月考。每月绩效考核小组人员依照《惠州市机关幼儿园每月工绩效考核指标》（出勤、日常工作），在当月25日前进行评分商议，考核的结果作为发放当月绩效考核奖金的依据。

（2）年考。年考有两个内容，包括年度民主评议、业务考核，每年统计一次。民主评议采用"行政事业单位年度考核系统"进行年度考核，主要是每年从德、能、勤、绩四个方面对业绩进行定性和定量描述，个人、群众、主管领导、绩效考核小组共同参与考评。业务考核依照《惠州市机关幼儿园业务考核指标》，考核小组评议与核定员工当年的日常工作计分、额外加分。日常工作计分由考核小组根据标准，考查员工在日常工作中的思想德育态度、工作纪律、工作成效及集体活动的成绩和表现、质量等方面评议计分。额外加分由员工自评填报，由考核小组根据标准核定计分。

（3）期考（三年）。期考依据《惠州市机关幼儿园岗位等级考评办法》执行，考核内容包括两个方面：年度民主评议成绩（近三年）、年度业务考核成绩（近三年）。

（4）结果运用。根据每个岗位的要求，定期对教师工作进行考核评价，可以帮助管理者掌握教师的工作情况和教学水平，考核的结果作为绩效发放、职务晋升、等级考评、人才遴选、岗位聘任、名师和优秀人选推荐及学历进修、科研立项、外派交流等优先考虑的依据。

5. 奖惩激励

（1）正强化激励。

奖——称赞褒扬（光荣榜、口头称赞、奖状等）。

赏——物质奖赏（工会福利、自组织活动支持、课题基金、班费奖励、贡献奖等）。

封——荣誉冠名（最美教师、场区命名、个人成就奖、担任嘉宾等）。

用——选拔任用（项目组、岗位聘任制、督教支教队、导师组）。

（2）负强化激励。

《惠州市机关幼儿园奖惩制度》。

《惠州市机关幼儿园考勤管理制度》。

《惠州市机关幼儿园每月绩效考核指标》。

《惠州市机关幼儿园年度业务考核指标》。

《惠州市机关幼儿园内部督查工作方案》。

人与组织

组织理论研究者认为团队结构的差别体现在沟通方式、沟通网络和沟通空间的不同，组织结构的差异性是影响团队效能的重要因素之一。实践证明，由于中心化组织结构具有传导快速、简洁、准确的特点，适用于常规项目，有利于事项快速达成，从而提高工作效率；分散性组织结构形成了多维人际空间，有利于团队成员的充分交流与分享，有利于成员创造性思维的形成，因而适用于非常规项目。从严格意义上讲，目前幼儿园组织内部结构普遍存在"松散性结合"的问题，这种松散性直接造成组织成员封闭、被动、涣散、守旧，从而降低了组织效能，因此要改变幼儿园成员的思想与行为状况，就不得不优化内部组织结构。

借鉴生态位原理与法则，优化组织结构可采用层级错位、任务错位、空间错位、时段错位等方式，如"项目人计划""自组织制度"等就是层级错位，这种扁平化的组织结构有利于权力的下放与消解，是对传统金字塔权力制度的挑战；"导师制""学习共同体"等学习形式依据任务错位原则，因为教师的专业成长不仅仅是依赖组织或是园长，而是除了自我学习还有他人与团队的支持，教师成长这一任务的达成，取决于多方的支持与自身努力；与高校联合的"园校合作"的方式就是空间错位，通过与其他专业团队合作开发，开阔教师专业发展视野，拓展教师专业学习平台；"诚信爱心伞"的做法也是空间错位，将幼儿诚信教育的课堂扩大到家庭与社会（详见第三篇"不言之教"章节）；"流动课堂"等做法就是时间与空间的错位，邀请幼儿作为小助手，在成人的监护下参与行政人员、后勤人员、工勤人员及其他班级教师的劳动实践与教育活动，让幼儿园除了班级以外的其他区域也成为幼儿学习的流动课堂，这种"流动课堂"方式让仅有的资源得以充分利用与整合，发挥了时间与空间的双倍价值与效益。

[1] 张德，陈国权.组织行为学［M］.2版.北京：清华大学出版社，2011.

[2] 胡芳.教师生态管理：定义与本质的探讨［J］.江苏教育研究，2013（4）.

[3] 靳玉乐，殷世东.生态取向教师专业发展的理念与策略［J］.教师教育学报，2014，1（1）.

[4] 菲力普·库姆斯.世界教育危机：八十年代的观点［M］.北京：人民教育出版社，1990.

［5］戈峰.昆虫生态学原理与方法［M］.北京：高等教育出版社，2008.

［6］郑丽君.影响学校组织效能的因素分析［J］.现代教育科学，2005（11）.

［7］姜英华.基于生态位理论的高职科研团队建设路径研究［J］.当代职业教育，2017（3）.

［8］武欣，吴志明.国外团队有效性影响因素研究现状及发展趋势［J］.外国经济与管理，2005（1）.

［9］丁奕，严云鸿.团队合作能力培训方法研究［J］.中国人力资源开发，2009（7）.

［10］王国生，郭郦.生态人的理论蕴涵与当代价值［J］.经济研究导刊，2008（2）.

［11］李建设，柏林.高新技术企业科研团队效能研究［J］.北京理工大学学报（社会科学版），2008（5）.

［12］邓秋萍.分层培养教师，整体推进教师队伍建设——我校教师专业发展培养策略例谈［J］.教育界，2017，7（2）.

［13］孔晓东.教师教育发展趋势与结构调整的比较研究［J］.江汉大学学报（社会科学版），2003，20（1）.

［14］孟学蕴.结构分层培养促进专业成长——幼儿园青年教师分层培养模式研究［J］.华夏教师，2018（4）.

［15］张家年，范露，邱朝坤，等.三梯度渐进式人才培养模式的探索与实践——以武汉设计工程学院食品科学与工程专业为例［J］.安徽农业科学，2016，44（33）.

第三章
自然之教
——自然课程

3

　　课程是教育的载体。审视当前我国学前教育课程实践，许多幼儿园课程目标呈现功利性倾向，忽视生命价值教育、忽视个体创新发展，课程内容和幼儿现实生活与环境严重脱节，课程中教师与幼儿的角色关系本末倒置，课程实践中教师专业水平薄弱，以幼为本的理念难以落地生根等诸多问题，给当前幼儿园课程改革带来极大的挑战。

　　为不断寻求课程实践突破与改善，惠州市机关幼儿园坚守"一日生活皆课程"的理念，在多年的实践中通过一个自然课程统领、两种类型并进、四类活动融合，对幼儿施以全面发展的教育，收到了良好的效果。

　　"自然"的释义，一是指具有无穷多样性的一切存在物，是宇宙生物界与非生物界的总和，即整个物质世界、自然界，也包括自然社会。二是指人和事物顺应内在发展规律变化，自由发展。自然还可作副词、连词，犹当然。惠州市机关幼儿园自然课程渗透着自然思绪与表达，主要包括以下三个方面的内容：一是课程内容与自然内涵相吻合。美国生物学家和科学思想家爱德华·威尔逊（Edward O.Wilson）曾在其《新的综合》一书中提出：生物社会是人类社会的前提，人类社会是从生物社会演化而来。我国著名学者王东岳认为，人类社会是从生物社会衍生出来的，社会只是自然结构中的成分，是自然结构化进程的继续及其终末代偿形态。因而，自然课程中的内容不仅包括了认识自然界，也包括社会生活实践的内容。二是教育理念与自然内涵相匹配。那就是让教育追随儿童，以幼儿为本，遵循幼儿年龄特点与认知发展规律施教。三是自然教育的价值追求与自然内涵相一致。自然内涵包括了丰富的生态伦理意绪，其生态整体发展观、持续发展观、和谐发展观等是自然课程观的基础，自然课程以感知生命体验、激发生命创造、关注生命完整为目标，在园内、家庭和幼

儿之间的多向互动中，最终实现幼儿、教师、幼儿园的共生成长与持续发展。正如蒙台梭利所言："教育的目的在于帮助生命力的正常发展，教育是助长生命力发展的一切作为。"教育与生命相融相生，教育因生命而发生，生命随教育而生长。

课程理论

一、布朗芬布伦纳的生态系统理论

生态系统理论的创始人布朗芬布伦纳将环境分为四大系统，分别为微观系统、中间系统、外观系统和宏观系统。就环境系统对人影响的直接性而言，这四类系统呈现为由内而外的包含关系，其中，微观系统是中心层，微观系统，是指直接与幼儿接触的环境或是与幼儿活动直接发生联系的环境，如家庭、幼儿园、班级等；两个或多个情境之间相互联系而产生的新的环境，被称作中间系统，如家园关系、幼儿园与社区的关系、家庭与社区的关系等，中间系统虽不是一个实在的环境，但幼儿亲身参与其中而且对幼儿的发展影响重大；外观系统，是指对幼儿个体并未直接发生关系与影响的环境，如教师的师德、专业水平、父母学历及工作单位等，这些外观系统环境，幼儿虽然并未参与其中，但能感受到这些外观系统环境对其所产生的积极与消极影响；宏观系统囊括了包含自身在内的微观系统、中间系统、外观系统在整个文化层面可能存在的内容与形式上的一致性，以及与此相联系并成为其基础的信念系统或意识形态，包括价值观、习惯风俗、法律规范等。宏观系统是包括微观系统、中间系统和外观系统在内的整个生态系统文化层面的概括。

二、卢梭的自然教育理论

法国教育家卢梭在《爱弥儿》一书中详尽地阐述了其自然教育的主张，首先，他认为人自然本性善良而纯洁，博爱而具有悲悯仁慈之心，人的自然需求要由教育赐予我们，要使儿童得到良好的教育，就必须保持和发展人的自然本性。其次，自然教育的另一个基本思想就是遵循幼儿身心发展规律，主张还幼儿自由与自主，保护好儿童的天性，在自由活动中做他们想做的事、想做的活动，以他们特有的方式去想、去看、去做、去感知一切事物。把成人当成人、把儿童当儿童是卢梭自然教育理论的基本主张，教育的任务就是在了解幼儿身心发展特点的基础上促进幼儿内在的自然发展。

三、陈鹤琴的"活教育"理论

我国教育家陈鹤琴先生提出的"活教育"理论，对我国学前教育课程发展影响深远。"活教育"理论之所以称为"活"，主要是体现在对教材课本独到的理解，对学习方法与形式的灵活运用，他提醒广大教育工作者及学生要"活教书、教活书、教书活；活读书、读活书、读书活"，认为"活教育的课程是把大自然、大社会作为出发点，让幼儿直接向大自然、大社会学习"。主张把自然的环境、生活的环境当作幼稚园课程的中心或是主场，他积极推动儿童走出校园踏进社会、脱离课本走进大自然的教育实践，认为只有这样才能让儿童获得真知，因为人本身就是自然的产物，儿童对大自然具有天生的亲近感，大自然就是赋予儿童的最好的活教材、真教材，而亲身体验的社会生活不仅让儿童获得初步社会认知、习惯养成，更能促进儿童社会性发展。

四、陶行知的"生活教育"理论

陶行知生活教育的内涵包括了三个方面的内容：一是"生活即教育"的思想，他认为教育与生活本是一个过程，在无时不变化的生活中，教育也随时发生着变化，而教育也不能脱离生活而存在，教育是通过生活来进行的。二是"社会即学校"的思想，陶行知的"社会即学校"与陈鹤琴"走进社会"的思想主张具有高度的一致性，陶行知认为社会本身就是一个大课堂，主张办学需要社会力量，教育的内容与方法应符合社会发展的需要。三是"教学做合一"的思想，"教学做合一"可以理解为一种方法论，是实现生活教育理想的途径与方法。

课程构建

一、课程构建的意义

1. 是贯彻落实国家政策方针的体现

《幼儿园教育指导纲要（试行）》指出："幼儿园应为幼儿提供健康、丰富的生活和活动环境，满足他们多方面发展的需要．使他们在快乐的童年生活中获得有益于身心发展的经验。"《基础教育课程改革纲要（试行）》明确指出，课程改革应"积极开发并合理利用校内外各种课程资源"。幼儿园自然课程体现了生态教育的思想，关注的是儿童与周围环境的对话，这与国家政策方针的精神高度契合。因而，园本课程开发要密切贴近儿童的生活，教师要善于捕捉幼儿周围环境中具有教育价值的资源。为不断增强幼儿对社会与自然的感知与了解，自然课程注重挖掘本土文化习俗、四季节气、节日庆典等具有教育意义的资源，使课程更贴近社会现实、贴近生活、贴近大自然。自然课程的内容体现了国家政策方针的精神，组织实施好课程就是贯彻国家教育政策的具体体现。

2. 是打造幼儿园教育特色的需要

幼儿园课程建设是幼儿园整个发展的核心，它涉及办园条件、育人环境、幼儿发展、专业能力、队伍建设、家长工作等方面的内容，这些工作的落实决定着课程建设的成效，并最终影响幼儿园教育教学的质量。课程"园本化"要求课程方案、实施及课程管理从本园幼儿的兴趣与需要、现有的资源与条件出发，注重引导幼儿全身心、多感官地投入多样化的活动中，增强课程的适宜性和有效性，打破"千园同课"的局面。自然课程扎根于本园的实践，是一种以园为本的教学研究，教师在课程开发与实施中不断总结教育经验，教育理念不断更新与完善，专业素质不断提升和发展，从而更好地提升幼儿园的教育教学质量。

3.是实现幼儿知、情、意、行、体全面发展的重要途径

每个幼儿都是一个能动的、正在成长的个体，自然课程课堂就是以大自然、大社会、生活场景为教育场，从全面发展的视角关照幼儿的生命成长。在大自然课堂中随处可见幼儿在自然环境中嬉戏追逐，幼儿手脚得到解放，动作技能得到发展，耐挫力和意志力进一步增强，在与自然接触的过程中幼儿既认识了花草树木、飞鸟虫鱼，又获得了好奇心的满足，从而观察力、思维力也不断得到发展。大社会课堂为幼儿的全面发展开拓了一片新天地，激发了幼儿从小知感恩、敬长辈、助他人、爱社会的情感意识，各种不同的社会实践活动，让幼儿获得初步的社会认知与习惯养成。在生活课堂中，惠州市机关幼儿园依托本土传统文化资源、旅游资源，让幼儿充分感受本土文化的丰富与优秀，从而从小培养幼儿爱家、爱乡、爱国之情。同时，生活课堂立足于幼儿本身的实际生活与场景，让教育伴随幼儿的日常生活而自然发生，让生活因教育而丰富多彩。因此，自然课程是实现幼儿知、情、意、行、体全面发展的重要途径。

4. 是园所和美文化建设的重要内容

幼儿园文化是推动组织发展的无穷力量，幼儿园文化的构建不仅仅需要物质、制度的保障，更重要的是通过课程渗透组织文化理念，不断丰富组织文化内涵。基于惠州市机关幼儿园特有的园区文化背景和多年的历史传承而形成的和美文化，在强调积极进取的同时，又注重以和为本，诠释了"天人合一""万物与我为一"的思想与境界，体现了生态整体观与和谐自然观。基于此，自然课程以提升每个个体的潜能及对生命的价值感和幸福感为追求，通过环境育人、文化塑人，倡导教育追随儿童的教育理念及以自然、社会、生活为课堂，让幼儿、教师在幼儿园里悠然地生活、快乐地成长。自然课程的实施积淀了和美文化的内涵，体现了和美文化理念的价值追求，因而，园本课程构建是幼儿园文化建设的重要内容，是打造特色幼儿园与铸就园所品牌的关键。

二、课程构建原则

1. 坚持整体性原则

多尔（W.Doll）的后现代主义思想给现代课程构建带来了启示性意义。

后现代主义课程观从课程目标来看，关注个人发展的过程、历史、宗教、生态及社会环境；从研究过程来看，注重课程在文化、历史、生态平衡等方面对人类生态领域、社会结构等的影响。他认为，新课程标准具有"丰富性、回归性、关联性、严密性"的特点，并认为课程应是由教师、儿童、教材、环境之间的动态交互作用构成的"完整文化"，是一个动态平衡的生态系统。因而，课程建构的整体观应体现内容多元的整体观、时空转化的整体观及内部有机组成的整体观。基于此，幼儿园自然课程建构应注意在课程内部要素的积极互动中，形成多维、多元的整体，从多个维度综合衡量保持课程构建的完整性或整体性。在课程目标维度上考虑长远目标、中期目标、近期目标、具体活动目标的一致性；在课程形式维度上体现个别、集体及小组形式的多样性；在课程内容维度上体现五大领域（语言、科学、社会、健康、艺术）的整合性；在课程评价维度上突出知、情、意、行、体发展的全面性。

2. 坚持发展性原则

事物不是静止的，而是不断发展与变化的，课程构建同样如此。课程是幼儿园教育目标的达成路径，在阐述课程构建发展性原则时，有必要对幼儿园教育目标进行分析，幼儿园教育的目标就是要为幼儿终身学习奠定基础，终身学习本身就是一个动态发展的过程，这是因为社会在不断变革与发展，需要人类通过不断的学习获得生存与发展的技能，而终身学习习惯的养成需要通过教育来实现，因此，幼儿园教育目标决定了构建幼儿园课程需要具有发展的眼光。另外，自然课程存在于不断变化与发展的自然、生活与社会环境之中，其课程意义就在于帮助幼儿在与环境的共生、共存中，发现生活的意义，体验生命价值和提升生活质量，为幼儿一生的发展奠定良好的基础。这也说明了自然课程的本质要求迫切需求与之相匹配的发展性课程模式，来达成课程目标与实现课程价值。

3. 坚持差异性原则

教师与幼儿是课程的主体，活动组织的效果取决于教师与幼儿行为的相互作用，每个幼儿都是一个独立而不同的个体，即使是同一个体在不同的情境与时间之下又表现为不同的特质，这些生成性与不确定性直接决定着教育质量的优劣。同时，课程中富含的文化性、境域性、生成性等不确定因素，无法达成幼儿发展的统一，也会影响教育成效，因而把握好差异性原则，合理构建课程结构，促进幼儿在不同水平上得到发展，是保证课程质量的关键。

三、课程构建立足点

1. 以幼儿为主体

幼儿园，顾名思义，是幼儿的活动场，幼儿园的活动应是围绕幼儿而展开，因而幼儿园课程应该是以幼儿为核心的。幼儿园教育应尊重幼儿人格和权利，为幼儿一生的发展打好基础。幼儿园的任务是遵循幼儿身心发展特点和规律，实施德、智、体、美等方面全面发展的教育，促进幼儿身心和谐发展。以幼为本是幼儿园课程设置的核心理念，因为在尊严与人格面前幼儿跟成人具有同样的高度，是一个独立的生命个体，幼儿作为整体教育生态系统中的一个生态因子，具有不可或缺的重要地位。在当今讲求即时效应与成人本位意识主导的教育风气下，关注幼儿的主体地位及幼儿生命的完整，是对世俗教育模式的挑战，是让教育成为真正属于人的教育的有力推动。惠州市机关幼儿园自然课程强调课程内容回归生活，而幼儿是生活世界的主体，这也充分表达了对课程中幼儿主体地位的认可和对幼儿生命的尊重。

为积极践行以幼为本的理念，我国许多幼儿园进行了大胆的尝试与创新，收到了显著的成效，一些具体的做法与经验具有很好的推广价值和可操作性，如安吉幼儿园对教师教学行为提出具体的要求："睁大你的眼，闭上你的嘴，放下你的手""蹲下来和孩子说话，抱起来和孩子交流"，等等。但不可否认的是，在现实生活中存在教师有意或是无意地忽视幼儿的情况，还具有相当的普遍性，幼儿是缺乏存在感的存在，教师强势地剥夺了幼儿的体验存在价值与意义的主动权。从生存理论角度来说，人存在的意义不是成为学习知识的存在者，而是为了追求存在的过程、存在的感受、存在的意义。真正的课程正是建立在尊重幼儿的生长与发展规律、尊重幼儿个体生命价值和存在之上的，让课程与幼儿的已有认知经验发生碰撞，形成个体内在的融合理解，其过程是一个自然而美妙的生命体验，这才是教育内涵与真谛所在。因此，立足幼儿主体，关注幼儿兴趣、个性、尊严、自由，重构幼儿个体存在价值是实现教育终极目标的前提。

下面以管理案例《为何不乐？》作进一步说明，如何在选择课程内容时关

注幼儿的存在，体现以幼为本的思想。

为何不乐？

2016年5月，我园参加了当地举办的"快乐童年"六一文艺会演比赛，会演的节目就叫《玩乐》，这个节目完全由我园两名年轻教师负责，从内容到形式、从编排到录音都属于真正意义的原创。对于节目的构思，教师们经过反复的推敲与思考。为何叫"玩乐"？有两个层面的意思，一是"乐"读音为（yuè），为乐器之意，节目要表达的内容就是通过弹、敲、打、奏、碰等肢体动作，像"玩"一样把不同乐器自如地运用起来，形成美妙的合奏；另一层意思就是来自"乐"的另一个读音为（lè），为快乐之意，让孩子们在自由地玩耍中，感悟音乐之美，感受快乐的心情，体会分享的愉悦。

尽管我们教师在内容上作了非常精巧的构思，花费了很多的心血，但在节目效果的呈现上，我们的小演员们并未如我所愿地玩乐起来，而是显得很疲惫……在正式会演那天，我在台下看着孩子们竭尽全力地表演，我的心情是沉重的。在大家的努力下，最终我们的节目获得了二等奖，编排教师有些失落，见到我一脸无奈地说："我尽力了，但孩子们的表现为什么会是这样呢？"过后我也进行了反思：内容的立意很好，起点很高，力求体现自如表现、自由快乐的意境，表达孩子对个性自由发展的诉求，从内心体会快乐分享的含义。当时，对这一内容的选择，编排教师们征求了我的意见，我是表示赞同的，但是我忽略了幼儿自如地展现不是靠他人短时间教出来的，要达到这一境界还真不是一两个月的事情，特别是乐器的运用，对于乐器的熟练掌握与运用是一个长年练习、积累的过程，短短二十多天的排练不可能练出一个会"玩乐"的音乐家。看来我在内容决策上有失偏颇，由于排练时间紧迫，教师不得不教孩子"玩乐"。我想，如果不是以己之见来决定，而是以幼为先，效果是否就会有所不同呢？把"幼儿"放在主语位置来提问自己：孩子适合这样的内容吗？是孩子跳一跳就可以摘到的苹果吗？孩子喜欢这样的形式吗？孩子迫切需要这些吗？孩子投入其中了吗？如果答案都是否定的，又谈何"玩乐"？这也是为何不乐的答案，当然，我更为孩子们的强化集训、排练参赛的状况而忧心忡忡。

2. 以生活为内容

"生活世界"是针对"科学世界"绝对理性的实体主义提出的，对个体而言，生活世界是具有丰富的生活意义和生命价值的真实世界。在近代科学世界观走向现代生活世界观的今天，幼儿园课程论从传统的科学认识论走向生活认识论，由"认知领域"扩展到"生活和生命全域"。幼儿园课程应关注幼儿生活和生命全域，并充分挖掘现实生活的课程价值和生活意义。"生活世界观"要求幼儿园课程设计走向现实生活，走向儿童的生活世界。

现实生活融合了人、自然、社会等一切要素，生活世界包罗万象、变化万千，为课程内容提供了充沛的来源。陈鹤琴的"活教材"论，说明了幼儿的课程是可以在社会生活中就地取材的，因为生活世界是最直接、最朴素、最方便可行的教材，这些看似不是教材的教材具有容易感知、具体形象的特点，对幼儿有着无穷的吸引力，容易与幼儿产生情感共鸣，收到的学习效果也就不言而喻了。同时，生活的自然属性赋予幼儿更自由的存在，包办的生活是对幼儿自主权利的剥夺，是对幼儿生命自由领域的侵占，是对幼儿全面感受生活中的关爱、理解、尊重、包容、发现、创造、欣赏、渴望、理想……的吞噬。另外，优质的课程是一个不断演变、调节的课程态势，而生活世界是一个开放的体系，开放的环境体系为课程因子的变化、调适、发展提供了充足的条件，体现了它应有的价值。

目前，我国幼儿园课程建设的实际状况远远滞后于现代认识论的演进，许多幼儿园尚缺乏课程建设意识，或是处在"闭门造车"的狭隘思维当中，教育生态学以独特的视角为教育工作者打开了一扇窗，为建构整体、开放、丰富、互动、发展的课程体系提供了理论支撑。惠州市机关幼儿园为寻求课程建设的突破与改善，在课程建设中以自然教育为中心，帮助幼儿体验生活之美好，感受生命之意义。让教育回归生活世界，追求生命完整是自然课程主旨所在。

3. 以共创为手段

共生、共荣、共创、共享的思想是生态伦理观的重要内容，在促进幼儿园生态化发展探索中，课程建设更需要课程的主体协力推进。这里所说的幼儿园课程主体包括幼儿、教师、家长及社会。幼儿的教育离不开幼儿园、家庭、社会的环境，一个健康的课程体系是来自幼儿、教师、家长、社会等生态环境系统的有机组成，每一个环境系统都有其自身的特点与优势，对促进幼儿全面发展更是不可或缺。《幼儿园工作规程》也强调幼儿园教育是三方协作的教育，尽管如此，在现实的幼儿园教育管理中，共创的意识还停留于表面，幼儿是集体失语的群体，家长的权利是参加而不是参与，课程规划是园长的事情等。基于此，为突出课程共创意识，增强课程内容实效，在自然课程构建中应关注两个方面的问题：

（1）在课程规划设计中，强调多元主体的整体参与。由幼儿园牵头组成课程建设规划项目组，园班子作为主要牵头人，由教师、家长、幼儿、社区人士等组成课程规划共同体，通过民主参与，调动大家参与课程建设的积极性，协力推进课程整体规划的形成。比如，农科所的家长代表提出自然课程从绿色种植开始；高等院校的家长代表提出"园校结合"的观点，围绕自然课程内容探索专业学习与实践合一的培训模式；社区代表提出自然课程要关注幼儿社会性发展与完整个性的养成，从小培养幼儿做文明公民等，集思广益，共同探讨，同心描绘自然课程的目标愿景。自然课程规划以共创为手段，在规划的过程中关照了不同人群的价值诉求，不同的人群构成了课程建设的共同主体，为推进课程发展提供了强大的力量支撑。

（2）在课程组织实施中，强调多元主体的整体参与。课程建设涉及幼儿园工作的各个方面，具有全员性、长期性、协同性的特征，是一项长期的、复杂的、整体的系统工程。课程的组织实施者不仅包括为课程管理提供机制、制度、资金及人员保障的园长，还包括课程的实践者——教师，他们是课程建设的中坚力量。比如，中班级的教师根据预先的学期计划，确定了以《欢乐端午节》为主题的系列活动，在实施中发现"包粽子"的活动对于中班幼儿来说有些难度，于是调整为"挂香包"活动，根据实际情况调整主题活动的目标、内容及方式，这种从预成到生成的过程其实就是教师实施课程权力、展现主体价值的过程。另外，还有一些并未直接实施课程但又对课程产生影响的相关者，同样不可忽略。比如，具有课程政策、方针制定权的教育行政部门、参与课程审议与评估的专家及热心课程开发的家长、社会人士、社会机构等。《幼儿园教育指导纲要（试行）》总则中指出：幼儿园应与家庭、社区密切合作，与小学相互衔接，综合利用各种教育资源，共同为幼儿的发展创造良好的条件。总则明确了家长作为幼儿园重要合作者的身份，进一步说明了家庭、社区是幼儿园教育的重要资源，家庭、社区与幼儿园的关系紧密相连、不可分割。家长作为幼儿园课程重要的利益相关者，与教师一样具有课程组织实施的权力，家长的课程权虽不是法定性的权力，但在幼儿园课程权力关系中客观存在并具有一定的导向作用。惠州市机关幼儿园创设专门的儿童厨房，由家长担任厨师长，活动内容由家委会设计、主持，如"鲜美果汁品尝会""水果拼盘鉴赏会""家乡小吃美滋味"等主题活动，在这些活动中家长的课程权力得到充分发挥，幼儿园课程内涵也愈加丰富多彩。幼儿是课程的直接受用者，是课程实践的主体，但传统的课程中，由于受到成人本位意识的主导，幼儿在课程的开发、决策、实施、评价、完善等各个环节中处于缺位的状态，属于缺乏话语权的弱势群体。成人总以自身的标准来衡量幼儿的认知与发展水平，以自己的想法决定课程目标、内容、方式，而没有想到幼儿同样具有课程权。于自然课程而言，幼儿作为课程的主角应充分体现其主体价值，发挥幼儿主体价值就是教育价值与意义之所在，只有让课程回归幼儿，幼儿的课程权力才得以实现，幼儿才会获得真正意义上的教育。比如，在幼儿园户外创造性游戏的创设中，改变以往由教师或园长进行前期开发工作的做法，而是由教师带着孩子们一起选址、商议内容、筹备材料、建设开发，让游戏区域的创设呈现出从"无"到"有"的过程，在过程中幼儿各方面能力得到提高，这一过程便是幼儿独有的特殊的课程，课程中幼儿是重要的建设者与开发者，幼儿在属于自己的课程里自信而愉悦。

可见，幼儿园课程组织实施的主体是多元整体的参与，幼儿园课程建设成效是园内园外及各级各部门协同助力的结果。无论园长、教师还是其他相关者或是部门，因其身份的不同而具有相关的课程决策权、开发权、创生权、参与权、评价权等，这些权利性要素势必会对课程产生影响，它也是决定课程成效的关键所在，因而提升课程质量需要课程的相关者慎用课程权、用好课程权。

课程特质

一、动态生成性

自然课程的构建不是一步到位、一蹴而就的，它是一个不断反馈的、循环的、动态的过程。在这个过程中，课程会历经试验，反复修正，在实践中不断发现问题、解决问题。宏观方面，自然课程是国家整体教育课程的一部分，因而，自然课程建设也会随着国家和地方教育政策、课程指导纲要、课程理念、园所情况、幼儿发展等因素不断变化，如课程目标、内容等；微观方面主要体现课程实施中的教师与幼儿及其他相关情境因素的相互关系，教师要依据各方因素的变化及时调整自身态度和行为方式，这些都体现了自然课程的动态生成性特质。

二、自主建构性

在与环境的相互作用中，人并非被动的受体，而是具有自主建构的特性，人的自主性体现在人可以按照自己的意愿来进行多种选择，自主建构性为人类的生存与发展提供了可能。自然课程的规划与组织实施需要多元主体的整体参与，幼儿是课程最直接的受益者与参与者，教师要尽可能地为幼儿创造可以活动的条件，鼓励幼儿在环境与活动中创造性地发挥，增强幼儿的直接经验性和活动性，保证幼儿直接而深入地参与到活动中来，实现自主建构和成长。

三、整体联动性

世间万物包括人类社会是一个整体运作与演进发展的系统，是普遍联系不可分割的，它通过系统内的各因子在相互依存的环境中相互作用和相互影响得以发展。幼儿园自然课程的开发与实施与幼儿的现实生活紧密联系在一起，注重利用社区及家庭资源，拓展幼儿生活与学习的空间，促使各领域资源、各环节系统相互联系和相互促进，这也说明了自然课程具有整体联动性的特质，幼儿的成长与发展是在一个有机联系的互动环境中进行的。

四、开放共享性

如同影响人发展的生态环境系统，自然课程各要素间的关系网络彼此依赖、相互依存。师生关系、家园关系、幼儿园与社区的关系、同事关系、同伴关系、幼儿与环境的关系、教师与教材的关系等，构成了错综复杂的课程关系网络。根据生态学原理与观点，形成良好的机制取决于内部及与外部物质、信息与能量交换的顺畅性，课程深化发展的本质要求也迫切需要建立一个更为平等、开放、融合、创生的课程生态环境，在开放的环境中实现精神的交流与意义的分享，这种开放不是彼此对抗、各自为政，而是在分享经验、分享成果、分享智慧中实现师、幼、园共生共荣。

活动室一角（一）

活动室一角（二）

课程实施

自然课程整合幼儿园、家庭、社会三方教育资源，从"一日生活皆课程"出发，由基础型幼儿园教育内容与拓展型家园共育内容组成，以小主人生活活动为保障，以探究主题学习活动为支撑，以阳光体育活动为保证，以自主游戏活动为基本。采取集体、小组、个别教学相结合的形式，对幼儿实施全面发展的教育。

一、课程目标与愿景

任何阶段的教育都不可避免地要回答"培养什么样的人"的问题，课程设置也是如此，而课程愿景就是对这个问题的回应，它阐明了幼儿园课程的价值追求。基于生态学与现代教育理论的自然课程，其课程目标以认识与处理个体内在、人与人、人与自然万物的关系为核心要义，以培养"乐学、乐思、乐享"之孩童为育人目标，在课程实施中，坚守"教育追随儿童"的教育理念，围绕"幼儿、生活、共创"三个立足点，打造幼儿的"成长乐园"，让幼儿在自然中释放天性，在游戏中享受快乐，在探索中获得新知，尽情享受"自然之旅"，在美妙的旅程中认识事物、认识自己和他人及认识世界，使课程变成一趟美妙的旅行，使其三年"幼时光"延绵至一生的"悠时光"。

课程目标如下：

总体目标	活动类型目标	
依据国家颁发的《幼儿园工作规程》《幼儿园教育指导纲要（试行）》《3—6岁儿童学习与发展指南》等文件精神，遵循以幼儿发展为本、和谐发展为本的原则，整合各方教育资源，围绕知（认知发展）、情（情感培育）、意（品德意志培养）、行（行为习惯养成）、体（体能健康）等教育重心，对幼儿实施全人教育，关注尊重、责任、关爱、诚实、公正等核心价值观的养成，引导幼儿学会生活、学会学习、学会生存，培养个体身心和谐、适应社会、与自然和谐共生，具有终身学习能力可持续发展的新一代生态文明人	生活活动	关注幼儿在自然与社会生活中获得认知与发展，提高幼儿在自然生活情境中自主习得的能力，帮助幼儿形成各种生活自理能力、健康的生活习惯和良好的交往行为。同时，提高幼儿感知社会、认知社会的能力，促进幼儿社会性发展，培养幼儿适应社会的能力
	体育活动	关注幼儿身心和谐全面发展，旨在提高幼儿身体素质、心理素质、动作协调能力和适应环境的能力，为幼儿健康的体质奠定基础
	学习活动	关注生活与自然、社会环境中的教育素材，旨在激发幼儿主动探索，积极体验，形成良好的学习态度与思维习惯，培养自主学习能力，为幼儿终身学习奠定基础
	游戏活动	关注于整合与运用本土游戏素材及自然资源，给予幼儿更多的时间与空间，满足幼儿自主自发性活动的需要，发展幼儿想象力、创造力和交往合作能力，促进幼儿个性品质健全健康地发展

自然课程内容框架：

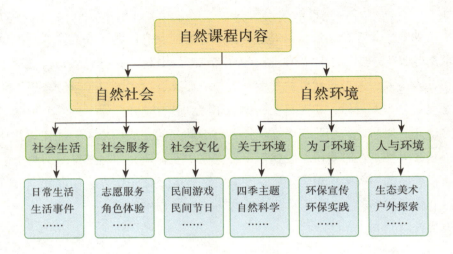

下面我们对课程整体设计图示作进一步说明：

1. 一个中心

关于课程国内外许多专家对其有不同的见解与定义，其中，1996年冯晓霞专家提出"幼儿园课程就是幼儿园一切教育活动的总和"，这一说法得到广大教育工作者的认同。将课程视为活动，就是把教育与幼儿联系起来，体现以幼儿为主体，以幼儿的经验维度为重心。《广东省幼儿园一日活动指引》把幼儿园的活动类型分为四类，即生活活动、学习活动、体育活动和游戏活动。自然课程以实施"自然教育"为中心，按课程实施主体分为基础型、拓展型两大类，在达成课程整体目标的过程中，逐步积累与形成不同特色的教育活动。

2. 活动交融

幼儿一日活动包括保育和教育的内容，涉及幼儿生活以及学习的方方面面，具有重复性、全面性、综合性的特点。因此，在幼儿一日活动中，学习活动、生活活动、游戏活动、体育活动这四种类型的活动是不可能截然分开的，当然也会存在组织某一类活动时，运用了其他类型的活动形式。可见，因幼儿年龄特点以及发展的需要，幼儿园不同类型的教育活动有着密不可分的交融关系，这也体现了幼儿园课程区别于其他学段教育的独特属性。

3. 关联互补

为实现课程整体目标，不管是基础型内容、拓展型内容还是上述四种类型的活动，包括不同活动类型内部的细分，它们都是围绕一个中心的互为关联与补充的整体。现以"游戏活动"来进行说明，"游戏活动"分为规则性游戏、创造性游戏、自由玩耍等不同类型，规则性游戏具有较强的目的性，游戏目标很明确，通常幼儿可以通过这一类型的活动，达成预设活动目标；创造性游戏是指幼儿园里经常开展的建构游戏、角色游戏、表演游戏等，创造性游戏具有自发、自主的特点，能较好地激发幼儿创造性与想象力，幼儿在与材料、同伴的积极互动中，获得丰富的感性经验与知识的建构；而幼儿自由玩耍富含许多自发性的游戏成分，比创造性游戏更具有自主性、自由性与随机性，幼儿在轻松、自由的环境中，与同伴以及周围环境充分互动而获得感性经验，从而形成自己的价值判断与认知。可见，不同类型的游戏活动对幼儿的发展都有其独到的教育作用，由于幼儿的发展是一个循序渐进的过程，是长期的、持续的各种综合因素的影响结果，幼儿的发展需要不同类型的活动持续对其产生影响，因此，实施好课程需要教师具有系统与整合的思维，以长远发展的眼光看待幼儿发展现状与需要，掌握好目标程度，不断调整好进程。同时，整合各类教育资源，为幼儿提供多种类型的活动，让幼儿在联动性、长效性、整体性的课程中获得全面发展。

二、课程实施路径

再好的课程没有实施只能说是纸上谈兵，只有实施才有可能让课程目标得以实现，而课程计划是课程实施的路径，因此落实好课程计划是课程目标达成的必由之路。

三、活动组织与指导

1. 游戏活动

游戏是幼儿的基本活动，在幼儿园游戏活动中，教师的本位意识常常成为幼儿自主游戏的障碍。为保障游戏开展的有效性，使之成为幼儿的游戏而不是"教师的游戏"，教师应经常思考三个问题：

（1）保证了充裕的时间吗？

（2）保证了充足的材料吗？

（3）保证了充分的自由吗？

下面以教育案例《关于玩耍游戏的思考》作进一步说明。

关于玩耍游戏的思考

玩耍对于幼儿来说再熟悉与平常不过了，玩耍是幼儿的天性。《现代汉语词典》对玩耍的释义是：做使自己精神愉快的活动；游戏。英文"play"则被翻译成玩耍、游戏，而游戏具有"娱乐活动、玩耍"的意思，玩耍与游戏的内涵有着不可分割的共有性。

幼儿园是幼儿的乐园，是幼儿的活动场，玩耍理应在幼儿园一日活动中占有应有的位置。为更好地贯彻《幼儿园教育指导纲要（试行）》"以游戏为基本活动"及突出游戏的特点，我们将游戏活动暂名为"玩耍游戏"。2016年，幼儿园开始了"户外创造性游戏创设"的课题研究，在此之后的几个学期，教师的教学观摩活动都是以"户外创造性游戏"为研究内容，在实践及研究中发现了一些问题：

一、问题引发

1. 按创造性游戏的分类，主要有建构游戏、角色游戏、表演游戏等，其中，表演游戏区及角色游戏区的创设因受户外环境开放、嘈杂等因素的影响，区域创设效果不理想，为开发户外区域而开发的做法显得有些牵强，因此，创造性游戏区域是否都适合户外是值得商榷的事情。

2. 幼儿在户外某一区域活动时，随着游戏情节的发展，同一区域可能会出现不同类型的游戏，如在沙石建构区，幼儿在建构游戏之后，玩了娃娃家、医院等角色游戏。教师们要根据幼儿游戏情节的推动而投入相关的材料，工作量可想而知。加之，每个孩子由于发展水平不同，对材料的需求与使用也不一样，因而也存在材料闲置或缺乏、数量不够或无法预测等情况，教师为材料而累。

3. 常见教师在幼儿游戏中忙乱或是在幼儿游戏中不知所指，那么，教师在幼儿游戏中到底该做什么呢？

二、分析原因

在课题研究与游戏观摩活动中，教师们非常踊跃与积极，对幼儿园游戏的深入开展与研究，表现出时不我待的紧迫感，但又不知从何下手。究其原因，主要存在如下问题：一是幼儿园顶层课程规划不明晰或是缺乏课程整体意识，由于课程整体目标不明确，势必会让教师的研究或教学处于迷茫状态。二是缺乏具有共识度高、可操作性强、共享面广的教学资源。教师教研活动可多提供一些有针对性的形式与内容，从活动组织、指导策略等单一、同类活动进行观摩，还可增加同类问题的研讨，如关于材料收纳的童谣、安静小游戏、洗手步骤流程等，并及时提炼、整理，形成本园共享的教学资源，这样拿来可用的材料可以让教师少走弯路，避免重复劳动。三是还需不断增强教师专业水平，提升活动设计与组织水平，增强教师现代教育理念，在促进环境、材料、幼儿等要素之间的融合度上探索有效路径与方法，而当务之急是园长需要建构课程的顶层设计，厘清游戏课程实施思路。

三、厘清思路

（一）树立整体观

如何进行游戏分类？常用分类法是将游戏分为规则游戏和创造性游戏。规则游戏是具有一定活动目标与要求及规定性的内容，教师的主导成分较多。创造性游戏有建构游戏、角色游戏、表演游戏等，虽然这些游戏具有较大的创造性成分，但也具有一定的主题特征，因而教师在组织创造性游戏时仍具有一定的指导性。不可忽略的是，在幼儿园幼儿一日生活的自由活动中，幼儿常常会自发地进行一些游戏活动，我们不难发现幼儿在这个时间表现得最为轻松、自然、自由与欢快，这是因为自由活动中的游戏是全自主、自发的，教师的干预性最弱，我们暂且称它为自由游戏。

可见，不同类型的游戏活动其实已融入幼儿园幼儿一日生活中，幼儿的发展是建立在不同形式、不同类型的活动之中的。从自主性程度来对幼儿游戏进行排序，可排列为：规则游戏、创造性游戏、自由游戏。之所以将自由游戏列入其中，除了其本身具有游戏属性外，还有一个重要原因，就是让教师降低一日活动环节中幼儿被控时间的比例，保障幼儿充分的自主时间与空间，而不仅仅是教幼儿游戏。树立整体观可以帮助我们在构建玩耍课程框架中，合理安排各类各式游戏的时间与比例，让幼儿在各式各类的游戏中得到认知、能力、情感及思维的发展。

（二）游戏类型的分析

从游戏本体属性出发，游戏的有效性可以从指导、材料、空间、时间等几个维度来考虑。

规则游戏：规则性明显、目标清晰、任务明确。教师的主导意识强，在指导上有明确的指向性，材料提供目标性强，在时间与空间上也有一定的控制与要求，因而游戏效果明显、成效鲜明。

创造性游戏：这里所讲的创造性游戏，一般指建构、角色、表演这三类游戏，如果从游戏的目标达成度来考虑，不同类型的创造性游戏应创设具有相关特点的情境环境，以激发幼儿主动游戏的冲动，同时丰富及特质性的游戏材料可以唤起幼儿的原始经验，帮助幼儿推进游戏情节，从而获得生活经验的提升与认知的建构。许多幼儿园通常会创设这三类游戏区，幼儿在创设的特定环境中进行创造性的游戏，较之规则游戏，教师的指导性减少，幼儿自主自发的成分增大，在时间上也更富有弹性，在空间上虽有一定的区域限制，但现今很多幼儿园区域开放的做法是值得借鉴的。

自由游戏：存在于幼儿的自由活动中，是幼儿全自发、自主、自由的活动，幼儿周围的自然环境、场地、设施设备及相关材料都是幼儿游戏的道具，也是全开放式的，呈现出自然本真的状态。教师的干预主要体现在幼儿安全方面，主观的指导性很弱，目标意识淡化到无。教师的角色更多的是观察者身份，关注、记录幼儿的发展现状。户外环境具有丰富、自然、开放、生成等特征，为幼儿自由游戏探索提供了得天独厚的优越条件。

游戏类型对照表：

比对点	规则游戏	创造性游戏	自由游戏
场地开发	室内外皆宜	1. 室内（综合游戏室、班级部分区域） 2. 户外 （1）下操场：甜蜜街角。 （2）上操场：碳化木建构区、瓶罐建构区。 （3）中心操场：轮胎建构区。 （4）后山：野趣区。 （5）园区：微型社区	1. 室内（活动室等区域） 2. 户外 （1）下操场：水、沙、石材料。 （2）上操场：瓶罐、树枝材料。 （3）中心操场：轮胎废旧材料。 （4）后山：自然环境。 （5）屋顶天台：光影、风力、涂鸦区

比对点	规则游戏	创造性游戏	自由游戏
时间安排	根据教学安排	专门游戏时间	碎片时间、专门户外活动时间
观察关注	目标达成	幼儿水平现状	幼儿水平现状
指导策略	六类游戏指导策略：益智、体育、音乐、语言、数学、娱乐游戏等	创造性游戏的指导策略	幼儿自主经验建构
材料准备	专项材料	相关材料	自然、开放材料
效果呈现	显性	隐性	隐性
自主程度	弱	较强	强

（三）游戏的组织与管理

1. 计划管理

制订学期计划、周计划、幼儿一日活动安排、具体活动方案等。

2. 备课管理

（1）教师方面：目标意识、教育策略评价、活动设计等。

（2）幼儿方面：幼儿现状分析、幼儿最近发展区等。

（3）材料方面：材料、场地环境的安全性、教育性、适宜性等。

3. 指导管理

第一步：观察记录幼儿现有发展水平。

第二步：对照游戏目标进行近期发展假设。

第三步：活动方案持续或调整。

户外游戏（一）

户外游戏（二）

室内游戏区

2. 生活活动

生活活动主要是满足幼儿基本的生活需要的活动，主要包括进餐、睡眠和盥洗等。"生活即教育"，生活本身就是教育内容，而教育的形式就是生活，这种适应幼儿身体发展与心理满足的需要，将教育活动与实际生活世界融为一体的活动，成为自然课程的重要组成部分。

儿童厨房

制作点心

在生活活动的组织中教师应注意以下几点：

（1）生活无处不教育，教师应注意把握教育契机。

（2）允许幼儿失败，鼓励幼儿多尝试、多体验。

（3）生活本身就是课程，就是教师，教师不必强调"教"，而要让幼儿成为生活的主人。

3. 学习活动

学习活动具有规范性、系统性、完整性的特点，是通过较为规范的环节让幼儿获得一些基本的知识、技能和情感态度等。学习活动是对生活活动、游戏活动教育功能的补充，让幼儿的发展并不完全借助日常生活和游戏习得。自然课程中的学习活动强调依据幼儿独特的身心发展与认知特点，突出自然课程生成性、建构性、联动性和共享性特点，鼓励幼儿在自然情境的学习中，用自己的方式去解读、体验生活，帮助幼儿形成喜爱探索、乐于发现的学习态度。

美术活动室

幼儿美术活动

幼儿阅读区

在教学实践中，教师应注意把握好以下原则：

（1）始终从幼儿出发的原则。

（2）注重体验教学的原则。

（3）建立生态关系网络的原则。

（4）优化学习环境的原则。

（5）实施多元正向评价的原则。

4. 体育活动

当前人类正面临外在环境与身心健康内在环境的双重危机，广大体育研究工作者开始自觉运用生态学思维审视体育与健康的关系，人的可持续发展和以人为本的思想成为当代体育运动的价值追求。当代体育运动作为一种社会实践活动的价值就在于体现人自身的价值，即人的全面、自由、和谐的发展，它是人的身心完美展开和全面实现，是个体人格和社会人格的和谐与统一。一直以来我国对幼儿健康教育相当关注，2001年国家颁布《幼儿园教育指导纲要（试行）》就对外界环境与内部心理健康环境双重危机的问题做出了积极回应。把"健康"列为幼儿园教育内容五大领域之首，并明确提出："开展丰富多彩的户外游戏和体育活动，培养幼儿参加体育活动的兴趣和习惯，增强体质，提高对环境的适应能力。""用幼儿感兴趣的方式发展基本动作，提高动作的协调性、灵活性。""在体育活动中，培养幼儿坚强、勇敢、不怕困难的意志品质和主动、乐观、合作的态度。"可见，幼儿体育活动不仅仅是满足幼儿健身康体的需要，也满足内心情感与意志培育、身心和谐发展的需要。

在幼儿园体育活动的实践中，应把握好幼儿体育活动全面性、广泛性、启蒙性及趣味性的特点，积极调试体育活动的物质环境、空间环境、人际环境等系统内部各要素及它们之间的平衡，坚持全面性、多元性、适宜性的原则，促进幼儿和谐、全面、自由、健康地发展。

主要做法有：一是形成科学适宜的物质环境。器械与材料是体育运动的主要媒介，因而在材料提供的难度上，要考虑幼儿年龄、性别特征及实际发展水平；在材料提供的数量上，要考虑幼儿人数及运动密度等问题；在材料提供的质量上，要考虑安全性与环保性的要求；在材料提供的性能上，要提供多式多样、功能齐全的运动器械与材料，满足幼儿身体机能全面发展的需要。二是形成全面开放的空间环境。根据幼儿园户外场地实际情况因地制宜地进行区域开发，开设投掷区（沙包、飞盘、飞镖等）、跑跳区（跳房子、障碍跑道等）、攀爬区（杠杆、吊环、山坡、山洞、攀爬墙等）、平衡区（踩高跷、木桥、跷跷板、梅花桩等）等，以满足幼儿走、跑、跳、攀、爬等身体运动与全面发展的需要。为不断拓展幼儿体育活动形式与空间，除班级活动外还可以采取混班的形式，除在园区活动外还可以延伸到社区或野外活动等。三是形成和谐共生的人际环境。根据体育运动"力量、动感、阳光"的特点，在体育教师的性别选择上可多采用男教师教学，增强体育活动的感召力与力量感，在耳濡目染、潜移默化中促进幼儿健康个性与健全人格的养成。在师生及生生的关系互动中，注重营造平等、尊重的和谐氛围，在活动中突出幼儿的主体性，关注其兴趣与发展的需要。和谐共生的人际环境是幼儿体育活动有效实施的保证，是保障幼儿身心健康发展的必需条件。

［1］中华人民共和国教育部.幼儿园教育指导纲要（试行）［M］.北京：北京师范大学出版社，2001.

［2］中华人民共和国教育部.基础教育课程改革纲要（试行）［M］.上海：华东师范大学出版社，2001.

［3］郑三元.幼儿园课程的大目标与小目标——幼儿园课目标体系新假设［J］.教育导刊（下半月），2016（3）.

［4］靳岑.幼儿园课程对幼儿生活的背离与回归——基于生活教育哲学的审视［J］.文教资料，2014（4）.

［5］丁海霞，于国峰.体育课堂教学的生态学分析［J］.学理论，2011（34）.

［6］江露.让幼儿在生活中学习——论幼儿园课程生活化［J］.兴义民族师范学院学报，2013（6）.

［7］张亚.从人类发展生态学看幼儿园课程建构［J］.课程教育研究（新教师教学），2016（6）.

［8］李幼贞.试论学前课程中生命意义的缺失——基于人类发展生态学视野下的反思［J］.教研教改，2009（5）.

［9］杨伟鹏，霍力岩.生态学视野下的幼儿园环境创设——对三种课程模

式环境创设的比较及借鉴［J］.幼儿教育·教育科学，2013（4）.

［10］杨艳平.以生态主义视角审视当前幼儿园课程价值取向［J］.基础教育研究，2014（17）.

［11］田波琼，杨晓萍.幼儿园课程权力及其运作——利益相关者的分析框架［J］.现代教育管理，2014（6）.

［12］刘宇.幼儿园课程整体规划：内涵、意义与任务［J］.幼儿教育·教育科学，2016（11）.

［13］历春香.让孩子走进生活 让生活引领成长［J］.学前教育（幼教版），2016（12）.

［14］杨磊，鲁石.幼儿园角色游戏中游戏精神的缺失与回归［J］.黑龙江教育学院学报，2014（11）.

［15］万中.幼儿游戏中教师的干预与干涉［J］.学前教育研究，2013（8）.

［16］丁海东.论儿童的游戏精神［J］.山东师范大学学报，2006（1）.

［17］李星霖，张智.网络道德失范对儿童社会性发展的危害性探析［J］.现代教育科学·普教研究，2012（1）.

［18］李永健.大众传播心理通论［M］.北京：中国传媒大学出版社，2008.

［19］虞永平.学前课程的多视角透视［M］.南京：江苏教育出版社，2006.

第四章
共育之场
——共育模式
4

　　场，泛指区域、场域，在本章指环境范围或境域。人类发展生态系统理论说明了幼儿的成长离不开以已为中心的微观、中间、外观及宏观的环境系统，也就是说，幼儿园、家庭、社区等共同构成了影响幼儿发展的中间系统，这种环境并非现实存在的环境，而是相互交融、互为补充的非客观存在的境域。

　　在幼儿园教育实践中，幼儿园、家庭、社区三方基于共同的目标与任务而组成教育共同体，在社会互动的基础上，依据一定的方式和规范，形成了一套完整的"三位一体"共育机制与实践模式，对幼儿施以影响。共育模式在产生之初便自然形成了影响幼儿发展的共育之场，也就是中间系统，这个共育之场无时无刻不在与幼儿发生关联，对幼儿发展产生影响。因此，不断改善共育环境及优化共育模式，应作为当今幼儿园教育改革的重要内容。

现状分析

　　社会经济的进步与发展，必然带动社会文化及教育的创新与变革。党的十一届三中全会后，随着我国社会经济的全面发展，《幼儿园管理条例》《幼儿园工作规程》《幼儿园教育指导纲要（试行）》等政策法规与纲领性文件相继出台，这标志着我国学前教育实现从全保型向保教型的跨越。这期间我国学前教育改革如沐春风，"三位一体"的共育模式得到广泛的认同与长足的发展。但不可否认的是，在社会发展对教育要求越来越高的背景下，当前我国学前教育共育模式还存在一些弊端，严重影响着共育模式功能性的有效发挥，制约着学前教育发展与改革。

一、主体位置失衡

1. 幼儿园角色表现强势

服务幼儿、服务家长、服务社会是幼儿园的工作性质。幼儿园作为中间系统中的主体角色之一，在家园共育中发挥了积极的主体作用，但也表现出强势、主导的一面，一度使幼儿园与家长的关系处于一种不平衡或不对等的状态，而并非对话与合作伙伴的关系。构建真正的"三位一体"共育模式首先应是由三者共同组成教育共同体，围绕共同的利益与目标，通力协作完成共有的任务，三方之间应是平等对话、合作伙伴的关系。因此，在共同体这一概念的认识上，我国许多幼儿园对自身角色定位还缺乏清楚的认识。

2. 家长角色表现平淡

在共育模式中家长作为其中的重要主体，近年来，在育儿观上有着重要的转变，有学者做过家长角色认同的调查，绝大多数家长把与幼儿园交往中的角色认同定位在合作伙伴关系上，可以看出绝大部分家长认同合作伙伴的角色定位。尽管如此，目前我国关于家长参与学校教育、管理及合作，在政策法规和制度规章层面做出的规定尚且不多，在社会机制保障方面还不够健全，加之幼儿园或教师的本位意识及共育模式不完善等方面的原因，因此，在实践中家长的设计者、组织者、监督者、反馈者等身份没有得到很好的体现，其主体的角色职能还没有得到很好的发挥。

3. 社区角色表现缺位

自20世纪末以来，国家及地方相继出台了许多学前教育发展与改革的政策法规，其中不乏关于整合社区教育资源的内容。《九十年代中国儿童发展规划纲要》提出：发展社区教育，建立起学校、托幼园所教育、社会教育、家庭教育相结合的育人机制，创造有利于儿童身心健康和谐发展的社会和家庭环境。《幼儿园工作规程》提出：幼儿园应主动与幼儿家庭配合，帮助家长创设良好的家庭教育环境，向家长宣传科学保育、教育幼儿的知识，共同担负教育幼儿的任务，幼儿园应密切同社区的联系与合作。宣传幼儿教育的知识，支持社区开展有益的文化教育活动，争取社区支持和参与幼儿园建设。《幼儿园教育指导纲要（试行）》提出：幼儿园应与家庭、社区密切合作，综合利用各种教育资源，共同为幼儿的发展创造良好的条件。《关于幼儿教育改革与发展的指导意见》提出：幼儿园要与家庭、社区密切合作。要充分利用幼儿园与社区的资源优势，面向家长开展多种形式的早期教育宣传、指导等服务，促进幼儿家庭教育质量的不断提高。由此可见，在强调整合与优化社区教育资源进程中，国家与地方不断给予制度保障与指引，但就目前社区与幼儿园的关系状况来看，幼儿园与社区的联系还相当松散，各自画地为界的情况还普遍存在，二者缺乏一致的价值取向与资源整合意识，而无法形成双向服务、互惠互利的整体联动机制，社区作为共育模式中教育共同体之一，其主体角色功能表现微弱甚至缺位。

二、系统运行疲软

1. 内部动力不足

一是教师层面的动力不足。在家园共育模式中，虽然幼儿园发挥着积极的主导作用，但在有效利用与挖掘教育资源方面还有欠缺，教师缺乏现代家园共育观及对共育活动深层次教育价值的认识，家园共育模式的表象化、形式化严重。造成这一现状最为根本的原因是，有些教师对家园共育的理解停留在让家长做旁听随从的角色，在家园共育中教师往往一肩挑，由于教师忙于日常事务的管理与教育，没能充分发挥家长主人翁的作用，有限的时间与精力无法保证家园共育的高质量与高水平，而导致家园共育模式缺乏动力与生机。另外，在家园共育活动中，教师停留于对活动内容表象的理解，未深入情感态度、精神追求的潜在教育价值，从而造成活动内容平淡无奇，活动形式单调乏味，这样的活动对家长及幼儿缺乏吸引力，更谈不上吸收外在资源与社会力量的支持，在这样的情况下，教师只会把家园活动当成一种负担。现以《中秋品月》共育活动作进一步说明，教师应让家长提前参与到《中秋品月》活动策划中，注重发挥家长作为课程主体的作用，在活动目标达成上不仅仅是让幼儿获得感性的认知，更要突出"家和睦·人团圆"的情绪调动与情感升华，在活动组织上要考虑运用多样而新颖的形式，渲染突出活动主题，让活动内容丰富饱满而富有内在意义。一个好的共育活动如同一个好的项目，不仅让幼儿及教师获得发展、家长主动参与，还会吸引到社会力量与资源，如商场提供活动场地，厂家给予产品赞助，社会志愿者支持等。

二是家长层面的动力不足。当然，家长作为家园共育中的主力军，其重要性地位也是不言而喻的。但有一些家长将幼儿教育等同于幼儿园教育，虽然有一些家长认识到自己在共育模式中的角色身份，由于幼儿园缺乏完善的机制支持，而无法让家长找到着力点，无法真正参与到教育管理中来。

三是社区层面的动力不足。虽然社区教育正在兴起，但不可否认的是，受人、财、物的影响及缺乏政策支持等原因，目前我国社区管理人员在人数配备、年龄结构与人员素质等方面还需不断加强。许多社区还缺乏专门的社会教育及教育资源管理的机构，社区教育内容与幼儿园家园工作缺乏衔接，难以有效地协调与持久地维系各方教育资源的关系。

可见，幼儿园、家长、社区作为共育模式中的主体，其在现实中的表现是构成共育模式运行机制疲软的最直接原因。

2. 整体联动不强

当前家园共育模式中的三个主体，在教育价值与愿景、教育对象与社会性功能等方面，未能形成一定的共识，幼儿园及社区各组织机构各自为政、关系松散，整体性与系统性不强，难以发挥协调、合力的作用，导致社区教育资源割裂。

从社区教育的功能性来看，社区教育具有推动区域全民素养与生活质量提高等方面的社会性功能，而幼儿园是社区中的组织机构，其组织发展目标应与区域发展规划乃至社会发展的整体构想相统一与呼应。但社区组织各自为政的状况导致各组织对区域整体发展的内涵不了解，或是区域整体发展的理念因缺乏渗透支脉而难以传达到各个组织，造成共育教育中对教育整体发展方向认识不清，难以整合社会教育资源。

整体联动性的共育机制是区域教育整体发展的重要内容，是推动全社会教育发展的决定性力量。脱离社会的学校或幼儿园，如同无源的孤岛，这种象牙塔式的教育无疑是缺乏生命力的，当然也就更难谈及充分发挥教育的社会效能与价值。

生态指向

　　幼儿园教育生态系统作为一个有机体，内外部不同层次的环境系统在物质、信息、能量的交换中相互适应、相互调整，构成了一个相互依存的整体。其中，影响幼儿园教育质量与发展的微观系统，是指直接作用于幼儿，与幼儿直接接触的环境，如同伴、班级、幼儿园、家庭等；中间系统不是一个客观存在的现实环境，而是外部两个或两个以上的环境系统交互作用而新产生的关系环境，如家园关系、社区与幼儿园的关系、师生关系等；外观系统，是指在微观系统环境中，不直接作用于幼儿，但对微观环境产生影响的因素，这些因素直接影响着微观环境的优劣或是形态，从而对幼儿的发展产生影响，如家长的职业和学历、教师的性格、教育观、儿童观等；宏观系统涉及不同层次和层面的环境系统呈现出来的文化意识、道德规范、观念价值等，包含了整个社会的政治、经济、文化环境的内容。幼儿园教育生态系统作为一个有机体，在内外部不同层次环境的相互适应与调整中得以发展。

　　"三位一体"的共育模式借鉴了生态系统理论的观点，将幼儿园、家庭、社区定义为一个教育共同体，把幼儿园、家庭、社区交互构成的关系环境作为中间系统，积极运用生态理论与观点，优化共育环境，符合"三位一体"共育模式的内在属性。幼儿园和学校教育不是游离于社会之外的文化孤岛，也不是脱离现实之外的象牙塔，而是融入整个社会生态环境系统的生态因子，在整体生态环境体系中具有不可替代的地位。20世纪末，我国相继出台了一系列学前教育的政策与法规，这些政策法规对家园合作问题、社区资源整合问题都给予了高度重视。目前，幼儿园、家庭与社区的教育合作已成为国际社会的一种普遍做法，大环境教育观也越来越被人们所接受。因此，不断优化共育生态环境是培养未来生态文明人的需要，是当今世界幼儿教育改革与发展的趋势所在。

生态特质

一、整体性

"三位一体"的共育模式以幼儿园、家庭、社区为主体，共育模式中主体的"一体化"也说明了其整体性特征，表明其本身就是一个有机体，是一个以幼儿发展为中心的整体系统。幼儿处在复杂的环境系统中，其个体也是一个内在的环境系统，不可避免地与接触的幼儿园、家庭、社区等微观环境系统发生关系。同时，幼儿园、家庭、社区两两或三者之间又形成了新的中间关系系统，这些关系系统又对幼儿产生了一定的影响；反之，个体内在环境的变化也会波及其他环境系统，可以说是牵一发而动全身。可见，"三位一体"共育模式的整体功能效益并非各因素或是子系统的简单相加，而是取决于各环境系统的有机配合，这也体现了"三位一体"共育模式的生态整体性特质。

二、开放性

开放性是生态系统的基本特质，每个子系统都与系统之外的环境紧密联系，幼儿园组织系统也是如此，其生态环境系统与外部的社会环境和自然环境息息相关。"三位一体"的共育模式作为影响幼儿园组织发展的中间系统更是如此，模式本身就包含了幼儿园、家庭、社区等不同的境域，不同境域的环境系统内部无时不在进行物质、信息与能量的交换，同时各境域系统又在渐进与互动中自我发展。只有不同境域内部及外部的完全开放，才能充分同化差异性、强化共有性，在融合演进中真正实现"三位一体化"。因此，开放性是"三位一体"共育模式的基本生态特质。开放性共育模式，有利于整合优质的教育资源，有利于教育形式与内容的调整与更新，实现家庭与幼儿园、社会共同的目标与价值。

三、循环性

运动是事物的本性，世间万物没有绝对的静止。共育环境系统的循环性表现在各主体之间的有机循环、彼此关联，同时系统内部因素也以互动的方式循环演进。自然条件的变化、社区发展态势、幼儿园教育改革、家庭关系的变动及个体身心变化等关联着教育整体生态系统的发展，也必然促使"三位一体"的共育环境系统处于不断调适与发展的循环过程中。

优化策略

一、建立坚实的支撑体系

不可否认，我国《幼儿园工作规程》《幼儿园教育指导纲要（试行）》《关于幼儿教育改革与发展的指导意见》等多部学前教育法规，对家园共育工作给予了重要的政策支持，但从目前幼儿园共育模式的主体角色来看，幼儿园单方的主导行为普遍存在，在形成互利互惠、共享共赢的教育"一体化"上，幼儿园、家庭、社区组织的连接还处于随意松散的状态。为更好地整合社会资源，扩大社会对学前教育发展的影响力，创造全民、全社会共同教育儿童的环境，应从制度、政策上加强对学前教育共育模式的扶持，为优化"三位一体"共育模式提供坚实的法治保障。

"三位一体"共育模式中的主体是由三个方面组成的，具有共同任务与价值目标的整体，幼儿园、家庭、社区构成了"三位一体"共育模式的支撑体系。幼儿园要充分发挥其专业机构的优势，做好家园共育活动的组织和管理，提供多种形式的共育平台。家长是幼儿的第一任老师，家庭是幼儿成长的重要微观环境生态系统，家庭环境的影响力从幼儿出生便开始了，直至其终老。提供优质的教育与服务，是幼儿园的基本任务与目标，幼儿与家庭也是幼儿园教育重要的相关受益者，因此，家庭应明确自身"幼儿园合作伙伴"的身份，与幼儿园共同担负起教育幼儿的责任与使命。社区企业、事业单位的积极参与是共育教育活动中不可或缺的重要资源，社区企业、事业单位以回报社会、热心公益为宗旨，通过教育资助、建立教育实践基地等方式，主动承担与发挥社会教育功能，从而增强其社会影响力。

二、整合优质的志愿服务资源

志愿者服务组织是一种建立在自愿基础之上的非营利性的社会义务组织。随着社会的进步与发展，我国社区志愿者服务已经承载了更多的社会责任与使命，为推动社区社会化进程发挥了重大的作用。

志愿者服务组织的自愿原则决定了自组织、自调节、自发展等成为评价组织效能优劣的条件，因而优质的志愿服务组织除具有公益性、服务性等志愿组织的一般性特征外，还具备自我修复、自我发展、自我创新的功能。让优质的社区志愿组织加入幼儿园课程建设中，这样不仅能丰富幼儿园课程内容与形式，还能拓展幼儿园教育的空间范围，同时，自愿服务、热心公益的志愿服务精神自然传导于幼儿园及幼儿，潜移默化地影响着幼儿的生活与学习，在共育教育中发挥了特别的价值。在优化共育模式中吸收优质的志愿服务资源是对幼儿园共育课程的补充，也赋予了社区志愿服务组织新的发展内涵。

三、建立完善的评估机制

教育评估，是指根据既定的目的，确定相应的目标，建立科学的指标体系，通过系统的收集信息和定性定量分析，依据客观的价值标准，对教育系统的功效和工作状态做出评议和估价的过程。教育评估中所获取的信息和资料，为教育的科学决策提供重要的依据。有人这样形容，教育评估是开展教育改革的助力器，是剖解教育问题的手术刀。

1. 建立科学的评估指标

据不完全统计，在各地相继出台的幼儿园督导等级评估方案中，都有涉及共育方面的内容。比如，《广东省幼儿园督导评估方案》中关于家园合作、社区教育的内容共有五项：

（1）重视家园共育，本着尊重、平等、合作的原则，争取家长的理解、支持，主动参与保教工作，共同研究有关幼儿教育的问题。

（2）发挥家长委员会在幼儿园管理中的作用，效果明显。

（3）办好家长学校，积极通过多种形式，帮助家长树立正确的教育观念，指导家庭教育，为家庭教育提供有效的服务，家长满意率达98%以上。

（4）积极争取社区的支持，充分利用社区的自然、社会环境和教育资源，扩展幼儿生活和学习的空间，积极服务社区并为社区的早教教育提供服务。

（5）做好幼小衔接工作，与小学建立经常性的联系，帮助幼儿做好入学前的社会性适应和学习适应准备。

对家庭而言，《贯彻执行民法通则若干具体意见（试行）》对幼儿监护人提出了法律层面的责任：监护人应具有对被监护人进行管理和教育的监护责任等。2010年8月，教育部办公厅颁发《社区教育示范区评估标准（试行）》，其中也有关于社区教育方面的内容与评估指标，主要有设置符合未成年人身心健康发展需求的活动内容，配备专门场地和具备教师资格的专人为社区内未成年人提供公益性服务，保障未成年人安全。不得开办以营利为目的的各种形式的收费培训班。社区教育资源开发和服务程度较高。社区内教育培训机构教育资源共享度高；社区内非教育机构教育资源得到较好的开发和利用；社区重视无形教育资源的总结、提炼和利用；社区积极建设学习资源服务圈等内容。

尽管幼儿园、家庭、社区不同主体在责任义务或是督导评估指标中都或多或少地涉及共育的内容，但就"三位一体化"模式的整体性发展而言，较少涉及共育环境系统的整体性与联动性及持续发展性的评估指标，当然也就更难提及相关的评价分析与研究。科学的评估机制在关注整体性发展的同时也关注内部系统的联动关系与平衡，全面性、系统性的指标内容直接影响评估结果的科学性与有效性，它也为共育教育提供科学的决策与指导。

因此，各级、各层的教育机构在设置评估指标时，不是停留于管好自己的一亩三分地，而是要将不同层面的评价指标与要求主动纳入国家社区教育整体评估机制系统中，强调指标内容的科学性及有效性分析。将督政与督学相结合，在全面性的基础上，针对不同主体责任建立具有不同侧重点的评估指标，促使政府决策切实到位，执行者教育行为全面落实。

2. 形成多元的评估主体

"三位一体"共育模式的主体本身就具有多元性的特点，作为整体教育环境中的一部分，与外部环境具有千丝万缕的联系，可以说，"三位一体"共育环境无论从内部环境系统还是外部环境系统，都体现了多元化的生态属性。因此，为不断改善与优化共育环境及共育模式，需要引入多元评价主体，将政府行政部门、家庭及社区纳入评估系统中，提高评估结果的科学性和有效性。

在评价过程中可采取内部自评、互评、他评相结合的方式，自评主要指不同主体对自身评估、自我评价等；互评是指行政部门、社区、家庭、幼儿园作为评估主体而采取的相互评估的方式；他评则主要指由服务对象来评价，如家长评价、社会评价、专家评价和同行评价等。引入多元的评估主体有利于获得多方面、多渠道的信息，保证评估监测的真实与客观，增强评估结果的可信度与客观性，同时要积极运用评估结果，为优化教育环境、改善教育行为、实施教育策略提供决策依据与支持，促进"三位一体"共育模式的规范性建设与科学发展。

四、争取广泛的舆论支持

随着科技的发展及信息时代的到来，大众传播已被社会各行各业所熟知与运用。所谓大众传播，是指组织或个体通过电视、报纸、杂志、广播等大众传播媒介，以图片、文字、影像的方式广泛、迅速、连续地把信息传递给受众，以期对其产生影响的过程。"三位一体"模式中的主体，是具有共同任务与价值的个体联合的共同体，虽在组合上与单一组织或个人有所区别，但在任务驱动、价值目标同一性上与其他单一组织和个体性质相同。因此，共育共同体同样需要建立与外界的良好公共关系，利用各种媒介积极宣传学前教育在基础教育中的重要地位，积极营造幼儿园、家庭、社区共育氛围与风尚。比如，通过优秀的家园活动案例，宣传活动的深刻意义与价值；以优秀的志愿工作者为典型，发挥其标杆与榜样作用；报道教育实践基地的典型做法，形成良好的社会示范效应等。

当然，传播媒介也具有"双刃剑"的特点，对社会组织及个人会产生监督追踪的舆论压力。因此，在各类媒体大力宣传共育教育重要性的同时，更要善于运用舆论工具对幼儿园、家庭、社区教育功能性的发挥施以监督，从而形成全员关爱下一代成长的社会风尚，树立共育祖国未来的社会责任与担当。

发展范式

"三位一体"共育模式具有"一体化"的本质属性，幼儿园、家庭、社区的融合共创应成为实施共育教育的基本前提。因此，以不同主体为主导的共育发展范式都应具备开放、多元、循环、内生的功能，形成互为支撑、互为补充的有机整体，以达到最佳的教育效益与健康运行状态。

一、以社区为主导的联动性发展范式

社区是共同生活在一定区域，因利益关系相互联系的单位或人群，社区如同一个小社会，是一定区域内各个家庭及各类组织机构的聚合体。社区是幼儿园赖以生存的土壤，整合优化社区资源可以弥补家庭教育的不足，有效拓展幼儿园教育空间，幼儿园与社区具有相互联动、相互合作、相互支持的关系。当前，教育与社区的融合成为社区工作的主要内容，为提高社区成员素质与生活质量发挥了重要的作用，同时社区教育也成为推动我国教育改革与发展不可缺少的力量。

1. 提供幼儿社区体验场

根据组织机构的不同类型与性质，在不同的机构中开设各类幼儿社区体验场，比如在科技馆开设幼儿科技区，在图书馆开设幼儿阅览区，在会展中心开设幼儿巡展区，在农场开设幼儿劳动体验基地，在商场开设幼儿体验购物区，在企业产品展示区开设幼儿展示柜，等等。这些开放式的社区体验场所为儿童生活教育提供了鲜活真实的素材，成为幼儿感知社会角色、体验社会生活、获得社会性发展的教育大课堂。

2. 共享社区教育课程

关于社区教育培训的内容，国内外许多社区教育与研究中心为大家提供了很好的经验与借鉴。比如，在印度的社区中多设置了专门的母亲育儿课程及"大带小"培训课程等，课程的主要内容是教给母亲保育教育儿童的基础知识和基本技能，教给家中的大孩子一些健康、卫生、游戏、歌舞等方面的常识与技巧，以便更好地照顾好弟弟妹妹，力所能及地分担家务。这样的做法在一定程度上帮助与解决了家庭的实际问题，很受当地社区家庭的欢迎。

当前，我国城市、乡镇许多地方的社区建设与管理也较为成熟，各级政府机构通过社会购买服务，引入社工组织参与社区管理，如惠州市大亚湾区民政局购买社工项目——坫下社区综合服务中心"花蕾守护行动"儿童"防性侵"服务计划项目，通过线上与线下教育融合的形式，建立了"善解童贞"家长资源交流群，开展了"我的身体我做主"社区性教育体验日、"我们在成长"儿童性教育、"向古怪行为说不"亲子兴趣课堂等活动，收到了较好的教育效果与社会反响。专业的队伍与资源为社区教育发展注入了强大的力量，较好地发挥了社区的教育功能。

3. 发挥社区志愿者服务功能

志愿者服务组织是具有自愿性非营利的社区公益组织。由于志愿者自愿服务的参与度取决于其自身的价值观与实际情况，因而，在社区教育志愿机构组建中，应充分尊重与考虑其个性特征、专长爱好、价值理念、参与的可行度，以及活动需要、幼儿需要等方面的因素。比如，根据个人专长组建故事团、艺术团、讲师团等志愿服务团体；根据个人时间的安排，组建义工服务队、安全巡察队、交通指挥队等志愿服务队伍等。

社区教育发展与创新需要社会各界的大力支持，各级政府应高度重视，构建多维度人力资源网络，完善社区志愿服务运行机制，发挥社区志愿服务功能，为我国社会主义和谐社会建设做出应有贡献。

4. 完善社区网络资讯服务

社区信息化的发展是时代发展的必然结果，也是优化社区服务的必要载体。现代社区教育服务将传统服务模式与现代网络服务方式有机结合，利用网络信息传播迅速、便利、开放、共享的特点，让居民享有快捷优质的教育服务权益的同时，在虚拟的网络世界中感受到社区温暖的人文关怀。

依托社区网站信息平台，形成社区教育特色，主要做法有：一是建立专享性服务平台。专享性服务平台采取"一对一"服务的方式，充分发挥网络平台交互性与选择性功能，以现代化手段提升教育服务的质量。居民可以通过网络选择专门定制的育儿课程、志愿者服务订单、个性化的亲子活动等。二是建立分享性服务平台。分享性服务平台充分发挥网络开放性、扩散性的特点，让居民围绕教育热点、难点，在平台中充分交流与自由表达。分享性平台空间以分散性的教育观点为主要内容，以自由表达为主要方式，因而互动性强，自由度高。三是建立共享性服务平台。共享性服务平台将各种教育服务资讯纳入社区整体服务体系，因而具有一定的规范性与权威性。

据了解，我国社区网络整体服务模块一般包括社区概况、社区党建、社区低保、社区服务、办事指南等基本内容。当前，在构建和谐社区的建设中，教育被列为主要的民生问题，因而在社区网站中可设立专门的教育民生模块，并充分发挥网络超链接功能，让居民有更多的浏览选择权、信息选择权，找到真正所需的教育资讯，享受更为优质的社区教育服务。

二、以幼儿园为主导的活动性发展范式

幼儿园是学前教育的专门机构，是"三位一体"共育模式中的主体，因而应充分发挥其教育专业化的功能，通过组织不同类型与形式的活动，优化整合多方教育资源，达到幼儿园、家庭、社会资源互补与成果共享的目的。下面以惠州市机关幼儿园的社会教育实践活动为例，作进一步说明。

1. 组织基地参访活动

参访派出所、消防局、武警中队、气象局、博物馆、文化艺术中心等教育

参观气象局

基地场所。

2. 组织手拉手联谊活动

"走进福利院——欢乐过'六一'"主题活动、"走进康复中心——童心飞扬"主题活动等。

敬老活动

3. 组织义工服务活动

环保宣传活动、幼儿园里洗刷刷活动、街头小报童活动、文明行车宣传活动等。

粤L越有LOVE

4. 组织献爱心义演、义卖活动

"云南地震募捐"义演活动、"希望工程献爱心"义演活动、"病魔无情，人间有情"义演活动、"特别的爱给特别的你"义演活动等。

图书义卖活动

5. 组织节庆纪念活动

"家乡美·指间情"元旦活动、"相约母亲节·传递感恩心"三八活动、"故乡情·端午乐"端午节活动、"爱劳动·知感恩"劳动节活动、"趣味习俗·快乐立夏"活动、"快乐跳蚤市场""六一"活动、"党是太阳·我是花"七一活动、"浓浓祖孙情·开心过重阳"登高节活动、"长大后我就成了你"教师节活动等。

重阳节活动

三、以家庭为主导的内生性发展范式

家长教育资源，是指在幼儿教育中可以发掘利用的，对幼儿教育和身心发展产生影响的家庭人力、物力、财力和信息资源的总和。这些潜在或显现、物质或精神的资源在教育过程中被教师开发为所需的课程资源，其中人力资源是最重要的一个内容。人力资源具有内生性的特征，也就是说，人力资源的整合与优化可以能动地产生比自身价值更大的价值，因而以家庭为主导的共育模式，应高度关注家庭与幼儿园之间的关系，充分调动家长人力资源，从而让家园共育达到1+1＞2的教育实效。

有专家学者把"家长参与幼儿园课程"分为四种模式——保护模式、行为传递信息模式、丰富课程模式、合作关系模式，这四种模式在一定程度上说明了家长参与幼儿园课程的程度及家园的关系融合程度。

亲子植树活动

亲子环保彩色跑

　　在实施一体化教育及整合与优化家长教育资源方面，如今许多幼儿园都积累了丰富的经验。以惠州市机关幼儿园为例，以家庭为主导的教育活动类型分为三类，活动类型有家庭小组活动、家庭互访活动、家庭助教活动。家庭小组活动形式多样、丰富多彩，主要有植树活动、环保彩色跑、登高榜山、郊外野炊、农场采摘、永记生态园踏青、滨海游玩等等。这种以情感为纽带、以教育为宗旨的家庭小组活动，丰富了家庭假日生活，增强了家庭之间的交流与友谊。在当今网络时代，家庭互访活动越来越显得陌生，现代科技与信息不断进步与发展的同时，也带来人与人、家庭与家庭之间的淡漠和封闭，开展家庭互访活动，如：家庭生日会、邻里互助、周末串门活动、家庭节日派对等，对促进幼儿社会性发展具有重要的意义。家长助教活动，是指家长主动参与幼儿园课程的组织与设计，利用自身的兴趣专长、职业特点等优势而实施的教育活动，家长助教活动大大丰富了幼儿园课程内容与形式，为广大教师与孩子所喜爱。

参考文献

［1］中华人民共和国教育部.幼儿园教育指导纲要（试行）［M］.北京：北京师范大学出版社，2001.

［2］袁倩.社区网站建设研究［D］.河北大学，2013.

［3］游蕊源.以社区为依托开展流动幼儿家庭教育指导活动的研究［D］.西南大学，2012.

［4］刘爱云.H省A市幼儿园利用家庭、社区教育资源的研究［D］.华东师范大学，2007.

［5］颜晓燕.社区学前教育资源整合与优化的探索［D］.福建师范大学，2003.

［6］赖定益.学校教育生态环境问题的研究［D］.华中师范大学，2006.

［7］马亮.三位一体建设高校青年志愿者参与社区服务体系［J］.家教世界，2012（16）.

［8］常青.高校构建社区体育志愿者服务体系的思考［J］.体育研究与教育，2013，28（3）.

［9］赖长春.教育治理体系现代化背景下的教育督导发展趋势［J］.教育科学论坛，2016（7）.

第三篇

浮生杂记

2015年10月21日

前两日收到惠州学院发来的《惠州市园长任职资格培训班的跟岗方案》，方案中要求："需要把园长自身成长的经历与经验作为园长报告的内容"眼看接待时间迫在眉睫，索性今天静下心来，将自己这些年的主要的生活、学习及工作经历进行梳理与总结。回顾过往的学习与工作，的确没什么特别的夸耀之处，碌碌无为中算是度过简单的半生，那么就以小故事的形式记下过往的一些杂事，作为报告会上的经验之谈吧。

一、学习积累期

我跟许多同学一样经历了小学、中学、幼师教育，在学习期间，我一直是教师和同学们眼中的"乖孩子"。

故事1：老实人真的吃亏吗

读小学的时候，我家就在离学校不到500米的地方，所以我到校都会比较早。新来的班主任每天都交给我一项"特别"的任务，让我"快去快回"去学校旁边的饭店给她代买早餐，我认真秉承"快去快回"的宗旨，每天早上都奔跑着去，奔跑着回，虽然我比其他同学多做一些事，但我美滋滋的，完成得又快又好。我平日做事与学习的态度得到教师和同学们的认可，担任了班长的职务，但在我看来，这个荣誉并没有带给我多大好处，反而处处吃亏。教师把班里最调皮的孩子安排给我当同桌，让我来带动"差生"，于是我处处小心翼翼，时时身正为范。出班级黑板报需要占用大量的课余时间，是一门苦差事，这项任务自然分配给了班干部，每周一期的黑板报常常让我"心力交瘁"。做班干部除了要学习好以外，还要会管理班级的事务与纪律，每天我都比其他同学早一点儿到校，协助教师做好考勤登记工作，还要收拾清点同学们的作业本并送到办公室……当时我觉得自己做这些事就是吃亏了，但若干年后，我语重心长地对我的孩子说："你要能吃亏、会吃苦，吃亏是福！"

故事2：街边的油条摊

小时候，街边的油条摊儿是最受小孩子欢迎的，我就读的第三完小路口就有这么一家。放学后，同学们最喜欢做的事就是三五成群地围在摊儿前看师傅炸油条。师傅熟练地和面、压面、切面，再把两条长形面块叠放在一起，手捏着面块两端，旋转两下放入油锅，白生生的面块在油锅里翻滚几下后，转瞬就变成了蓬松的金灿灿的油条，师傅娴熟自如的动作每次都博得小伙伴们的阵阵掌声。看过几次后，我不免得意起来。有一次，我对师傅说："这么容易，我也会了呢！"没想到师傅真的让开身来，对我说："来来来，小同学来试试。"于是，我不甘示弱地站在面板前，一本正经地鼓捣起来，结果在师傅手中听话的面团被我揉捏得黑乎乎的，不成样子。我满头大汗，十分懊恼，不知如何是好。师傅接过我的面团，淡淡地说："看时容易做时难哦！"直到现在，我仍清晰地记得我在面板前的那一幕，淡淡的一句"看时容易做时难"，如石刻一般在我脑中抹之不去，它时时告诫我实践出真知。

故事3：不做绣花枕头

小时候，我上过街道幼儿园，厂矿幼儿园，直到上初中我都认为幼儿园教师就是哄孩子玩，跟小孩子唱歌跳舞，给小孩子抹眼泪擦屁股的。当时在报考中专时，航校、护士、师范等专业是最吃香的，至于幼师，大家并不看好，认为幼儿园教师就是绣花枕头一个，面上好看，肚里没货，不需要什么文化基础，更谈不上专业性。1985年，我初中毕业，报考中专的事全由我母亲和姐姐包办，她们毫不犹豫地帮我填报了幼师学校。当年7月我收到了湖南省长沙师范学校的录取通知书，这是一所由我国著名教育家徐特立创办的幼师学校，这所学校的办学精神、治校方针激励了一代又一代幼教同仁。那一年，我正好15岁，正值青春期，当时我很好强，对外面的事物总有些轻视与不屑，对报考幼师学校又有些不甘，我默默地想：通常报考幼师的同学基础并不

好，只是会唱歌跳舞吧，以后我要当班级前三，我不想做大家认为的绣花枕头。

故事4：山外青山楼外楼

幼师开学的第一周，学校就组织了姐妹班联欢会，联欢会就在学校的大礼堂举行，参加联欢的有我们"幼26班"全体新生、高年级同学，还有学校教师、领导近百人。我记得联欢会的第一个内容就是节目表演，主持人说："新生代表先来表演一个吧。"顿时会场变得鸦雀无声，我看见我们班的同学个个低着头，我心里也七上八下、矛盾万分，既有蠢蠢欲动的表现欲，又有些害怕。我心里想着："胆量就是练出来的"，胆量小是我的弱点，那我就当锻炼下自己吧，就这样，我说服了自己，鼓足勇气把手举了起来："我来给大家表演一个舞蹈——《小草》。"到现在我都佩服自己当年初生牛犊不怕虎的勇气，而在后面的节目中师姐们表演的印度肚皮舞、现代迪斯科、艺术体操……让来自小县城的我大开眼界，更让我明白"山外青山楼外楼"的道理。

故事5：小老师讲课

幼师的课程开设有政治课，在同学们看来，政治课是最枯燥无味又毫无意义的，因而政治课上好多同学不是心不在焉就是窃窃私语或是偷看小说之类。当时任我们政治课的老师是学校党委周树森书记，周老师为了调动同学们上课的积极性，经常采用同学"教"同学的办法，也就是说，让同学们先自学课程，然后挑出一个同学上台来当小老师，给全班同学上课。我因为近视坐在课室第二排，正好在老师的眼皮子底下，虽有时心不在焉，但也不敢做太出格的举动，对于老师交代的自学课程内容也尽量完成。我先是在书本上划重点，然后在笔记本上列出提纲，或许是我工整的笔记给老师留下了好印象，好多次我被周老师点名上台做小老师给同学们上课，小学时代的粉笔板书基本功也派上了用场，没想到最让人厌烦的政治课反而锻炼了我。后来听说在学校毕业生内部推荐会上，周老师把我当作优秀毕业生推荐给省级幼儿园，这事周老师虽没有当面跟我提及，但我终生感恩于他。

二、教学实践期

1988年，我分配到湖南省直属机关第二幼儿院，担任班级任课教师；1993年，我调入广东省惠州市机关幼儿园，这期间，我担任了班级副班教师、班主任工作。

故事6：那次走近您窗前

在湖南省直属机关第二幼儿园我工作了五年，这五年也是我业务成长最快的五年。当时抓业务工作的园长叫张孟玲，对我们年轻教师的要求是很严格的，每周要求我们按时上交教学周记，园长亲自批阅。有一次我在周记里写下了我带班时遇到的不解与困惑，在结尾处写下了这么一句话，"谁能为我指点迷津呢"。正巧这天下午我要去办公室送交其他材料，快走到张园长办公室窗前时，我听到张园长在跟办公室的同志说："周洁这小家伙很有意思呢，这里写着'谁能为我指点迷津呢'……"语气中充满了肯定和欣赏，等我踏进门槛，张园长哈哈大笑起来，"真是说曹操曹操到呢，你的周记写得很好！不错，真是秀外慧中！"……张园长或许不知，多年之后，我在期刊上发表的作品都来自那次窗前我无意中听到的夸赞，那一句"秀外慧中"成了我一生的座右铭。

故事7：改变了幼儿也改变了我

1990年，幼儿园派我去上海学习，这是一次难得的学习机会，培训的主要内容是幼儿创造性地培养。除了参访、听讲座，我还从上海买回了一套《幼儿创造性教育100例》（内部资料），这是1986年由上海创造教育学会幼教分会及上海幼儿师范专科学校编撰的书籍。搬过几次家，但这一套四本的书籍一直保留在我的书柜里。20世纪80年代在幼儿园谈及创造性教育还是较少的，关于创造性教育的研究，上海走在了全国前列。学习回来我仔细阅读了这套书，书中谈到对幼儿创新思维如何开发与训练，有许多创造性教育活动的设计及训练方法，可以拿来就用，操作性很强。可以说，这套书对我的教育观与思维模式的转变与影响是至深的，在我照着开展书中的活动与借鉴其训练方法的同时，幼儿看似是直接的受益者，但作为实施者自身的思维习惯也在潜移默化中发生着变化，实践中创新的概念在我头脑中不断强化与认同，并形成相对稳定的心智模式与开放思维，开导我的生活，指引我的工作，指导我的教学，让创新成为一种习惯。于是，在幼儿园每年的教师公开课观摩中我想着如何有突破，在幼儿园班级环境创设评比中我想着如何有特色，在每次的幼儿文艺会演编排中我想着如何更加有创意……这些一点点的不同，让我的作品在群体中总有些与众不同。有同事疑惑地问我："你的新创意、好点子从哪里来的呀？"我只能

回答："习惯而已。"

故事8：我的处女作

我父亲退休前在档案局工作，平日里经常见到父亲装订整理档案资料，因此对于书籍装订我并不陌生，在潜移默化中我也养成了喜欢将物品整理归类的习惯，我会利用暑假把幼儿园发给教师的幼教刊物分门别类地装订成册。说真的，这些刊物平时发到教师手上，教师根本没时间看，倒是这样一边整理装订一边翻看文章，让我补上了阅读这一课，从中学到了不少东西。看到别人将一篇篇作品在刊物上发表出来，也激发了我投稿的冲动。记得我从上海学习培训回来，就尝试着做了一个小测查——《中班幼儿对三角图形认识的测查》，并写成测查报告进行投稿，没想到我的"简单而粗糙的小豆腐块"竟然发表在1992年第3期《学前教育研究》期刊上，这是我的处女作呢。收到编辑部的来信时我是欣喜万分的，随后我又写了《我是一棵树》《"差劲"教师的三大举措》等文，这些小作品也相继在《幼儿教育》《早期教育》等期刊上发表。现在看来，这些文章少了些教育理论，更谈不上艺术性，的确不值一谈，但这些纯属兴趣与看似无用的东西，充实了我的学习与生活，当然也让我的工作履历表丰富与好看了一些。

三、管理实践期

2001年是我职业生涯的转折点，我担任惠州市机关幼儿园副园长一职，那一年我刚过30岁，非常感恩我的领导与同事给予我的锻炼机会与学习平台。

故事9：一本复印的书

2001年，我担任幼儿园副园长一职，主抓幼儿园的业务教学工作，当时全球幼教改革刮起"瑞吉欧模式"之风，这种被瑞吉欧创始人洛利斯·马拉古齐所说的"我们谈不上模式，也无法给大家提供效仿的东西，是没有模式的模式"，越是描述得不可复制越是让人着迷与想象。瑞吉欧教育体系鼓励儿童通过100种可"表达的、交流的和认知的语言"，探索周围的环境并表达自我，这个意大利北部的瑞吉欧·艾密莉亚小镇因其卓越的幼儿教育熠熠生辉，成为全世界教育家的灵感来源。那本以图文形式介绍其教育成果的书籍《儿童的第一百种语言》成为当时全球最畅销的书。我好不容易从其他幼儿园园长手中借到一本，便开始疯狂地阅读起来。因为是借到的书，我就把书一页页复印下来装订成册，这本厚厚的装订得参差不齐的"书"，一直放在我的抽屉里，有时我会拿出来翻看，书本中"教育要追随儿童""接过孩子抛来的球"等新的理念，不断冲击着我固有僵化的思维，促使我带领教师将生成与预设的概念融入主题教学中，与我的教育伙伴们一起践行现代教育理念并共享其中的乐趣，幼儿园生成与预设的主题活动教学模式正是源于这本黑白复印的"书"。

故事10：反思与反省

在一次教师业务会上，我跟教师们说："我们的日计划表后面有备注一栏，大家在完成教学后可以在上面写上自己的教学'反思'。"话音刚落，在座的教师们开始窃窃私语起来。有一位最年长的教师马上说："反思？我们又没做错什么，还要反省啊？"这位教师的反问也代表了当时一部分教师的疑惑与心声，分析起来有这么两个方面的原因：一是工作量的问题，以前写日计划表没有要求填写这项内容，大家觉得工作量增加了；二是"反思"一词在当时谈及不多，教师对反思的内涵还缺乏了解，对反思的作用与意义理解不够，认为反思跟反省一样，从心理上无法接受。我马上解释说："反思与反省的概念不同，反思不是否定教师的为人，教学反思主要用于教学行为之后，是施教者自我修正的思考过程，教学反思可以帮助教师厘清思路，寻找到最佳的教育手段与方法，为下一次的教育活动提供更加优化的策略，有利于提高教学活动的有效性，更有利于教师的专业成长。"在之后的教学管理中，我积极推行反思教学，建立幼儿成长观察表，还做过教师发展自我测查，但对于反思教学的工作缺乏长效机制来保障，教师与幼儿发展的评估缺乏科学的理论指导，研究得还相当肤浅，今后有待不断推进与深入研究。

四、管理提升期

古人云："三十而立，四十不惑。"2010年，我担任惠州市机关幼儿园园长一职，由于在副职岗位多年，习惯于"穿衣要穿布，当官要当副"的日子，考虑问题还存在局限性与狭隘性，但身上的责任告诉我：必须跳出这个舒适与狭隘的圈子，要站在更高的平台，以更长远的眼光看待问题。

故事11：做园长的第一个教师节

2010年9月10日是我做园长的第一个教师节，正好有上级领导来园慰问，需要园长会上发言，于是我对幼儿园今后的发展进行了初步的思考，发言的主题定为：如何让宝刀不老？摘录如下：

现在正值开学，新的学年我们要在行政管理、保育教育、后勤保障、家长工作等方面扎实工作，在"新""实""稳""细"四个字上下功夫，新——积极探索、知难而进，促进体制的完善与发展；实——切实可行、按质按量，保证日常工作的实效；稳——稳打稳扎、周密防范，确保安全保卫工作落实到位；细——耐心用心、无微不至，提升服务质量与水平，只有落实好这四个字，才可能高质量地完成新学期的工作任务。惠州市机关幼儿园创办于1963年，至今走过了47年的历程，如何让一所老园所充满生机与活力，还需要我们不懈地努力，今后我们要努力做好三个结合的工作：一是新旧结合，既要扬清新之气，又要积醇厚之美；二是软硬结合，注重硬件建设与师资建设，创设良好的育人环境与教师成长环境；三是保教结合，保教合一，促进幼儿身心全面健康发展，高质量地完成幼儿园保教工作任务。如何让宝刀不老，不是喊口号，而是有行动，满足现状是改革与发展最大的障碍，只有敢于打破自我，不断超越自我，幼儿园发展才会走向更为广阔的天地。

故事12：就当是平时的工作

都说新教师成长为骨干教师，至少需要五年的磨炼周期。2015年，我担任园长一职已是第五个年头了，刚上任时的激情已过，管理内容也了解得七七八八，工作上不免开始放松要求，倦怠情绪也随之产生。一天下午我接到区教育局的电话，让我参加广东省首届园长工作室主持人的遴选。当时对工作室的概念我是了解不多的，所以对新生事物的第一反应就是抵触、排斥，认为"多一事不如少一事"，勉强答应后开始准备一些参加遴选的材料。有一次，我正在家准备相关资料，边准备边嘟囔："工作本来就够忙了，做这些有什么用啊。"正好被我家先生听到了，他边喝茶边跟我说："平时也没见你闲着，就当是你平时的工作不就行了？"想想还真是有道理，把它当作平日的工作与日常工作结合不就行了？真是一语惊醒梦中人，纠结烦躁的情绪因为心态的转变瞬间就有了不同。在大家的支持下，2015年8月，"悠时光周洁园长工作室"正式挂牌，我成为广东省首批十名园长工作室主持人之一。"园长工作室"的成立让我再次燃起工作的热情，借助"园长工作室"平台，我从"创新名园长、名教师培养模式"与"团队组织效能创新与探析"两个研究方向入手，开始了首届园长工作室的工作。可以说，在我职业倦怠的时刻，是"园长工作室"拉了我一把，让我不断突破管理的瓶颈，找到管理理论与水平提升的增长点，并梳理与提炼自身管理与教育理念，以更好地带动更多的园所不断进步与发展。

故事13：并非那一句笑言

为激发教师组中层的积极性，业务副园长成立了一个教研团队，取名"拿云团队"，寓意为：具有"拿云捉月"的高超本领。成立那天我参加了她们的活动，活动中有教师笑言："我们志向高远，拿云就是拿下马云的意思。""马云？"我有些惊讶，因为这段时间我也在翻看马云"合伙人制度"的一些资料，大家都不约而同地想到了"马云"。近两年阿里巴巴因"合伙人制度"在网上也炒得沸沸扬扬，了解到阿里"合伙人制度"的理念与意义后，我有些得意，因为有些理念与目前幼儿园正在推行的"志愿者计划"有着相似之处呢。

有媒体这样介绍马云的"合伙人制度"："阿里的合伙人是公司的运营者、业务的建设者、文化的传承者。马云是用生态系统来诠释组织架构的人，运营一个生态化的社会企业，不能简单依靠管理和流程，而越来越多地需要企业的共同文化和创新机制，以制度创新来推动组织升级。"

在看到这些内容时，不由引发了我的思考：关于如何借助生态学理论与思维实现管理理念的革新；如何建立内部动力机制，让幼儿园实现基业长青；如何让教职员工更加自信和更有能力实现品质工作、健康生活；如何培养未来生态文明人……于是"生态园"的样子慢慢在我头脑中清晰起来，这是我和教师还有孩子们的理想园。想到这里，我不由激动万分，这其中的深意并非那一句笑言呢。

光阴易逝，人生过半。学习与工作中这些平常的人、简单的事，看似微不足道，却成为我生命中的不可或缺，帮助我不断成长，带给我无穷的快乐与力量。

诚信学堂

2016年3月10日

上午我看到工作室助理LL老师正在起草关于"诚信学堂"的倡议书，不由想起关于"诚信学堂"的一些事情。2015年无意间看到一篇报道，介绍了国外某个乡村设置了一面诚信墙，墙上挂的是各式各样的衣服、帽子等服饰，这些服饰由不同的家庭自愿捐赠而来，目的是方便流浪汉或是一些急需的人，如果你喜欢哪一款服饰可以占为己有，也可以暂时拿走解一时之急，当然更多的是愿意分享与捐赠的人，大家自愿捐赠、自由选取并自主维护这面富有爱心的"诚信墙"。当时对于这一做法我印象很深，也很有感触。或许是受这个故事启发，正好也结合我园发展规划及文化创建的需要，加之团支部开展的"诚信爱心伞"活动已经打响了第一炮，于是我与班子人员商议，索性将教学楼入门大厅定位为"诚信学堂"，将大厅原有的影响美观的窗户框架改造为展示架，设置"诚信爱心伞"与"诚信爱心书"，供幼儿、家长、教师自主借用、借阅，以下是诚信学堂倡议书的内容。

各位尊敬的家长、亲爱的小朋友：

我们的无人"诚信学堂"即将开讲了，这里有"诚信爱心伞"，可以满足您的不时之需；这里有"诚信爱心书"，可以供您与孩子亲子阅读。"诚信学堂"需要我们自主建设、自我管理，在诚信学堂里我们都是老师，让我们一起遵守学堂纪律，做个有诚信与担当的文明人。

安静的日子最好

2016年8月1日

静夜里翻看《道德经》，其中有多处关于"静"的内容，如"重为轻根，静为躁君""致虚极，守静笃""归根曰静""孰能浊以静之徐清""躁胜寒，静胜热，清静为天下正""我好静，而民自正""牝常以静胜牡，以静为下"……老子阐述的"静"是人的一种至高、至上、至美的境界，静是动的主宰，是成圣之法宝。联系自己的职业，这里我也谈谈关于对"静"的理解。

一、教师应修身以"静"

1. 怀淡泊之意

尽管外界纷纷扰扰，守住内心的平静淡泊，拥有不为杂念所左右的孜孜之心是作为教师的基本功。教师是一门清贫的职业，但平凡的职业承载着非凡的意义，清贫乐教、诲人不倦是教师一生的写照，只有不忘初心，守得住这份平淡清苦，才不会被世俗所惑，才堪为人师。

2. 存清明之心

古人云："德行立身之本。"作为教师不仅需要做人堂堂正正、光明磊落，具有弃恶扬善的品质，更要有不为利益所动的德行修养，时刻以镜鉴己、修正自身，不断提升人格修养。

3. 入宁静之境

诸葛亮的《诫子书》中这样记载："非淡泊无以明志，非宁静无以致远。夫学须静也，才须学也。"教育需要教师具有博大而高远的精神、从容旷达的情怀，古人告诫我们只有恬淡寡欲才能磨炼高远的志向，只有平静安稳才能修炼致远的情怀，才识、才智、才干、才能从学中来，而唯有静心方能学有所成。

二、教师应处世以"静"

如今社会竞争日益激烈，家长期待与日俱增，教师的身心往往受到外界很多负面因素的干扰，不自觉地表现出紧张、焦虑、烦躁的情绪，教师很难静下心来学习与思考，而忘却了教育的本质。在树欲静而风不止的现实之下，教师不如静若处子，永保外界纷扰我独秀的姿态。

1. 如春风化雨

"十年树木，百年树人。"教育人是一个漫长的过程，它不是简单的指令和说教，而是心与心的交流、情与情的相融，是一个无声胜有声的过程。这里不得不提陶行知先生的"四颗糖果的故事"，这个故事启迪了一代又一代的教育工作者。故事中陶先生没有直接批评学生，但学生深切地感受到了先生的谦卑、感恩、欣赏与尊重……让学生彻底明白要如何做人并立志成人。这种静的力量胜过千言万语，胜过雷霆万钧，如春风化雨润物无声，催生百花盛开。

2. 如明灯指引

作为教师，除了要有高超的才艺之外，还应端正自己的行为规范，成为学生的榜样。教师工作的示范性和幼儿所特有的向师性，决定了教师在幼儿心目中至高无上的地位，可以说教师的一言一行，都可能成为幼儿模仿的对象，甚至对他们的一生都会产生深刻的影响。所以，教师不仅仅是传道授业解惑，更要在理想情操、道德修养、行为规范等方面成为孩子们的榜样，正如福禄贝尔所说："教育之道无他，唯有爱与榜样。"

3.如清泉滋养

罗森塔尔实验充分证明了爱在教育过程中的重要性，师爱是影响幼儿身心健康发展的重要因素，它不仅能推动教师积极工作，使之在教育工作中不断创新与进步，而且对幼儿起着熏陶感染作用，影响着幼儿智力和个性的发展。"教育者的情感和爱，就像池塘里的水，没有水就不能成为池塘。"爱是教育的真谛，爱让教育不仅具有认知价值，而且具有情感价值。爱不是停留在语言与形式上，而是让幼儿内心真正感受到被需要、被接纳，这种爱源于教师的心灵深处，如取之不尽的清泉润泽每个孩子的心田。

"静"是智慧，是力量。最精粹的物质往往不在喧嚣中而在沉静之下，人性中最美的部分往往不在外表的绚烂而在最自然纯净的内心。

这里引用现代文学家周国平的话做结尾："安静的日子最好。"

人类猩猩

2017年8月14日

晚上躺在床上翻看公众号的文章，"洞见"的一则标题《生而为人，我很抱歉》很快吸引了我，点击开来阅读之，不禁落泪唏嘘。文章的主要内容是一名叫Chanket的猩猩出生后被带到人类生活的环境中，被研究院员妈妈当作孩子抚养，用于研究人类行为是后天习得还是先天遗传。后来自称为人类猩猩的Chanket还是回到了同类部落中，但它已失去了与同类交流、在同类环境中生存的本性，赋予了人类情感的Chanket最终患上了严重的抑郁症而走向死亡。

文章内容摘录如下：

近日，一名叫Chanket的猩猩得抑郁症去世。他上过大学，会熟练使用手语与人类进行交流。他出生时，被用于研究人类行为是后天习得还是先天遗传。Chanket从出生后就被研究院员妈妈当作孩子抚养，用尿布，用奶瓶，给他过生日，教他学走路。他过着人类的生活。到后来他好聪明，居然自己创造了词语，他可以用番茄牙膏来表示番茄酱。他学会通过劳动换取小铁环，单独的小铁环可以跟妈妈换饮料、零食，他却把小铁环放在盒子里攒起来，最后跟妈妈换来一辆三轮小车。后来，Chanket跟着人类妈妈到大学去，与大家一起上课一起玩，但这一切结束于一场袭击。他在校园里抢一个女生的零食，因为没有控制力道，导致同学受伤，于是他被视为一个攻击人类的危险存在，原来的生活完全被剥夺，他被送回研究中心，被关进铁笼。

后来的日子里，Chanket都被关在铁笼里。失去研究价值后，他被送到动物园，与其他猩猩无法相处，他们不懂彼此。他的研究员妈妈去看他，他用手语告诉她，很疼。妈妈以为他被别的猩猩欺负了，问他哪里疼。他说，感情。妈妈问Chanket，你觉得你是人类还是猩猩？他用组合词语说，自己是猩猩人类。在动物园待了很多年，妈妈再去看他，他居然还记得拿出一个小铁环，想要换杯饮料。他记得一切，记得规则，记得爱。被关期间，他得了严重的抑郁症，在最近死了，死因不明。

看到这里我不禁泪流满面，我无法考证这篇文章内容的真实性与严谨性，但这个故事中叫Chanket的人类猩猩刺痛了我的心。Chanket的故事让我们感悟人类不要轻易侵犯动物领域，哪怕是以爱与慈悲的名义。"仁爱万物"是传统文化生态伦理思想的核心，汉代的董仲舒更是明确地把道德关怀从人的领域扩展到自然界。他说："质于爱民，以下至于鸟兽昆虫莫不爱。不爱，奚足以为人？"将人们对自然生态环境的珍惜，上升到人类道德要求的最高层次。关于人类与自然，《马克思恩格斯选集》中有这样一段精彩的表述："我们不要过分陶醉于我们人类对自然界的胜利，对于每一次这样的胜利，自然界都对我们进行报复。"

人类啊！

等风等雨也等你

2019年3月5日

结合幼儿园中长期发展规划，为不断培育诚信、内省、协同、担当的团队精神，2015年我园启动了诚信学堂计划，诚信学堂的主要做法是：面向全体家长、教师、幼儿开放雨伞借用、图书借阅等，这一举措得到家长和教师的广泛支持与欢迎。这里我与大家讲讲"诚信爱心伞"的故事。

一、爱心伞的诞生

爱心伞活动于2015年一个平常的日子启动了，开放"诚信爱心伞"的初衷是为了更好地服务广大家长及员工，通过共建、共治的方式达到共享之目的，以成人的言传身教影响幼儿，从小培养幼儿具有诚信担当的品质。

诚信爱心伞

二、爱心伞的困扰

（1）2016年活动继续开展，投入雨伞50把、伞架2个。

其间采取的管理手段：定期信息提示，借用登记簿，通知公告栏等。

状况：做法很受欢迎，切切实实方便了家长与员工，但雨具破损严重，归还率低。

（2）2017年重新更换雨伞，伞面上印刷"诚信"标签。

其间采取的管理手段：定期信息提示，班级教育活动，更新借用登记簿，通知公告栏等。

状况：起初，因为伞面字样的提示，归还率有所提升，但时间一长，还是存在雨具破损严重、归还率低等情况。

（3）2018年重新更换伞架及雨伞，但伞具破损、丢失情况依然严重。

在开展此项活动的四年中，我们的确碰到了一些管理方面的困扰：一是归还率低、耗损严重。这些年有部分数量的雨伞的确属于自然损耗，但不可否认还有一部分是人为造成的丢失与损坏；二是专人负责、耗时耗力。此项活动由幼儿园团支部义工队牵头组织，主要由团支部的教师专门负责，教师们投入了大量的时间与精力。

那么，"诚信爱心伞"还要不要做下去？

三、等风等雨也等你

在一次家委会上，我们专门组织了关于"诚信学堂"的话题讨论，大家一致认为：爱心伞在"等风等雨也等你"中，传递的是诚信与责任、温暖与关怀，诚信爱心伞的做法与经验一定要保留下来。关于活动成效的问题，小班级冯FF家长专门谈道：一个好的制度，比依赖于人性中的诚实守信显然更为可靠！活动成效低下的主要原因源于制度设计得不严谨，所以完善制度、加强管理是保障诚信课堂成效的基础。

家长们的支持给了我们继续办好"诚信学堂"的信心，在后续的工作中，我们不忘共建、共治、共享之初心，鼓励与引导广大家长参与到活动组织与管理中来。2019年，我们重新购置了两台"微信扫描管理"的伞架及雨伞，较好地解决了雨伞管理问题。

陶行知说："生活即教育。"诚信的"课堂"不能只停留于教室与书本，而是要把日常生活、社会环境作为一个大课堂，让孩子们在耳濡目染中接受熏陶，在幼儿的心灵中播下诚信、乐助、感恩的种子。为扩大"诚信爱心伞"课堂的空间，我们通过"悠时光"公众号推出文章《一封家信——倾听"蓝精灵"的心声》，引发家长、教师们进行讨论留言，扩大活动的影响面，以营造自省自律、感召他人的氛围。同时让大家建言献策，共建良好的制度规章与运行机制，让教育活动更为有效地开展。

等风等雨也等你

变成十足的小孩子

2019年4月24日

　　园长工作室参访的第二站是江苏南通通州幼儿园虹西分园，这是一所2016年创办的园所。走进幼儿园，我们便被独具教育性、美观性的艺术氛围所笼罩，清新淡雅的园舍设计、丰富多彩的区域环境、诗意艺术的场室冠名……处处诠释"以美筑梦、以美启智、以美育人"的办园理念。

　　分园园长胡霞女士对本次的活动做了精心安排，除了安排集体教学活动、环境参访、游戏观摩、专题讲座，还有专为参访学员们准备的体验活动。体验活动分为三组同时进行，由幼儿园教师担任指导教师，而学员们是以幼儿身份参与到小组活动中来，三组的活动内容分别是：治章体验活动、彩陶体验活动、提线木偶美术体验活动。以前的活动中我们一直以教师的身份自居，今天这样的角色换位体验活动让我们觉着新鲜，活动中我们要做一回幼儿，排排坐好，动手操作，上台表演展示。我们几个学员从一开始的不适应，到后来沉浸其中欲罢不能，中午也不休息，投入"大师"的艺术创作之中。园长胡霞女士在下午的讲座中也谈道，孩子们创作的状态是最接近大师的，孩子们就是未来的大师！体验活动中的我们如同孩子般欢心雀跃，个个变成了"大小孩"，感同身受地领悟到大师的风采。

我记得陶行知先生说过这样一段话：

忘了你们的年纪，变个十足的小孩子，加入小孩子的队伍里去吧！你若变成小孩子，便有惊人的奇迹出现：师生立刻成为朋友，学校立刻成为乐园。你立刻觉得是和小孩子一般儿大，一块儿玩，一处儿做工，谁也不觉得你是先生，你便成了真正的先生。（摘自《陶行知教育名篇》，有删节）

独具匠心的体验活动让我们又重回童年时光，让我们学会从孩子的视野聆听孩子的声音、认识万千世界。作为幼儿教师还真需要变成十足的小孩子呢，"谁也不觉得你是先生，你便成了真正的先生！"

从买包子想到的……

2019年5月14日

12：00回到幼儿园饭堂就餐，正听得几位同事津津乐道聊起小时候的趣事。HH老师说，小学三年级的时候，老师常常托她传信，感觉自己备受老师信任；CC老师说，小时候自己常常被老师叫着做值日生，觉得自己很了不起，老师就是她崇拜的人……老师们的谈论让我也想起自己读小学时的一件事情。

三年级时我班换了一个新班主任，班主任姓杨，个头不高，齐耳微卷的短发、白白净净的脸，总是一副笑眯眯的样子。每周有那么几个早上杨老师总是把我叫过去，让我帮她到邻校的红旗饭店买小笼包。对于一个小学生来说，能在众多的孩子当中被老师"钦点"帮忙做事，那是一件非常引人注目和自豪的事情。所以，每次我都像一只神气的小鸟，从教室后排穿过同学们齐刷刷的目光，得意地跑出教室……屁颠屁颠地去，美滋滋地回。可有一次当我欢蹦着跑回操场时，装着小笼包的手提袋子竟然破了，里面的包子散落一地。当时的操场既不是水泥地，也不是塑胶地面，而是碎砂石铺的，小包子在碎沙石地面滚爬一地后，一个个变成了"驴打滚"，顿时我头脑一片空白，如同遭受晴天霹雳，眼泪也哗啦啦地流下来："怎么办，怎么办？！"心里想着："包子弄脏了不能吃了，我怎么跟老师说呢，我又没钱，怎么赔呀……"我都记不得当时我是怎么跟老师说的，我只记得我是惶恐不安泪眼兮兮地进到老师办公室，而杨老师对我没有半点责怪、半句批评。在往后的日子里，杨老师还是对我信任有加，让我继续帮她买早餐，那种被理解、被认可、被信任，受宠若惊、满怀喜悦的感觉一直留存到现在。

午餐后，我回到办公室陷入了沉思：上周二到班级巡查午睡情况时，大班一个叫琪琪的孩子在睡室里哭得"惊天动地"，生活老师被折腾得没办法，也跟着这孩子哭起来。这段时间我也常听老师们反映现在的调皮孩子越来越多，班级常规越来越不好管理，老师们常常被弄得心力交瘁，不知道用什么办法才能教导这些"熊孩子"。孩子们的成长到底需要怎样的环境呢？怎样的教育方法方式才更为有效？怎样的师幼关系才算是健康生态心理环境？在对这些问题的思考中，我想起前两天同事LL跟我说起她家婆的事："我的家婆就是普通的农村妇女，没读过什么书，但我家婆经常跟我念叨'带孩子要带得他笑，家里要充满喜气'。平时爷爷奶奶极少训斥说教我孩子，家里的氛围也总是其乐融融，但我孩子对爷爷奶奶是非常敬重与孝顺的。"细想这句"带孩子要带得他笑"，含义深刻着呢。回想自己的育儿经历、自己的教学经历及教育管理，这句"带孩子要带得他笑"让我汗颜，倒是一位农村老太太更懂得现代儿童观与教育观，在生活中悄无声息地践行着古人倡导的"不言之教"。

那天正好读到庞丽娟教授主编的一本书：《教师与儿童发展》，其中讲到教师的期望效应对幼儿发展的影响，给了我很大的启发。期望效应也叫皮格马利翁效应，之所以叫"皮格马利翁效应"，源于一个古希腊的神话故事。相传在古代的塞浦路斯，有一位叫皮格马利翁的年轻国王，国王很喜欢雕刻。有一次他根据自己的想象雕刻了一尊少女的石像，王子每天与石像相守相望，久而久之，王子对少女石像产生了爱慕之情，希望石像能真正活过来成为自己的意中人。没想到有一天，石像竟然真的被国王的诚意所打动而活了过来，最后国王与少女成了眷侣。1968年，科学家罗森塔尔和雅各布森等人做了一项伟大的测量"预测未来发展"，其实验研究结果可谓影响全球，这就是著名的"罗森塔尔效应"，"皮格马利翁效应"也被称作"罗森塔尔效应"。研究表明：教师的期望不仅影响儿童的学业、成绩和智力的发展，也对其自我概念的形成、自我期望、行为动机、人际关系等产生重要的影响。教师的期望对孩子的发展起着决定性的影响，因而，在教育实践中，教师应充分利用和发挥积极期望效应，避免消极期望和消极对待，以促进幼儿获得良好的发展。

《教师与儿童发展》中的观点让我豁然开朗，提醒我在教学实践中不断改善自身的儿童观与教育观，在教师专业培养中采取恰当的形式与方法帮助教师走上专业化发展之路。

小熊花束

2019年6月4日

在我的办公室有这样一束特别的花——小熊花束，这是2017届大班毕业生送给我的。这束花是由很多个小熊毛绒玩具捆扎而成，如同一把大的花束，很是漂亮！常有些孩子来到我办公室玩耍，这些小熊也成了我送给孩子们的小礼物。今天，又有一个关于小熊的故事，让我慢慢道来。

HH是幼儿园大五班的一个小女孩，早上来园总是哭哭啼啼不肯自己走进课室。今天我值班又碰到同样的情形，HH拖着妈妈不放手，一副眼泪汪汪、可怜委屈的模样。为了转移她的注意力，我跟HH说："你来做园长小助手吧。"于是我把我的工作牌给她挂上，没想到她一把抓住工作牌甩到了地上。对于HH早上来园一贯的表现，HH妈妈早就被弄得筋疲力尽、有心无力，就这样，母女俩一个眼泪汪汪、一个无可奈何地在校园门口僵持着。有没有其他办法呢？我想：不如跟孩子玩起来吧，这个时候讲道理是没有用的。过了一小会儿，我再次走到HH身边，对她说："这样吧，我办公室有个漂亮小熊，你和妈妈上去帮我找出来，如果找到了，小熊就归你。"我知道对于大班孩子特别是较为固执的孩子来说，简单的注意力转移方式是不奏效的，孩子这时最担心的是让妈妈

小熊花束

离开，"妈妈在"就是游戏的前提，所以不如让妈妈跟孩子一起，带着孩子进入玩耍中。听完我的话小HH马上停住了哭声，点点头，和妈妈一起来到我的办公室，开始仔细"搜索"起来……

"啊，没有。"

"哎，这里也没有。"HH边找边自言自语，"哦，在这里呢。"只见她用手指着小熊，用半信半疑的眼神望着我，也不敢用手去碰那只她找到的小熊。

"好吧，这只小熊就属于你了。"

HH一脸欢喜地接过小熊，并小心翼翼地将它放进了书包。母女俩高兴地出了办公室，妈妈及时提醒孩子："跟园长妈妈说再见。"我看见HH沾满泪痕的脸上藏着怯怯的笑意，那句"明天就要高高兴兴来园"的话，我藏在了心底，因为我心里还有一个声音在说，小熊不是彼此交换条件的砝码，孩子在集体中的认同感、安全感是让孩子爱上幼儿园的原动力。

晨间谈话时间，我又到了HH的班，我跟班级老师讲，今天由我来组织晨谈活动。

师：小朋友们好！

生：园长妈妈好！

师：我是小熊妈妈，我有两个孩子，这是我的小宝宝——熊姐姐（出示熊姐姐玩具，送给HH的是熊弟弟）在这儿，而熊弟弟呢，我找不着他了，谁能帮我找到熊弟弟呢？

生：我，我……

师：可是熊姐姐跟我说，大五班有个很能干的孩子，可以帮我们找到熊弟弟，她会是谁呢？

孩子们你看看我，我看看你，开始猜测起来。我不时地朝HH点点头，HH也眼睛直直地看着我，仿佛心领神会似的。

师：哦，大五班这个能干的孩子是谁呢？请小朋友闭上眼睛等一等，她很快就会把熊弟弟变出来的。

我轻轻走到HH身边，神秘地对她说："你把熊弟弟变出来吧。"只见HH飞快地跑到书包架旁取出书包里的"熊弟弟"。

师：小朋友请睁开眼看看，熊弟弟找回来了吗，是谁帮助了熊弟弟？

生：啊，HH！HH！

师：好吧，熊弟弟找到了，妈妈还是要把熊弟弟交给你来照顾，那么，熊姐姐要交给谁来照顾呢？HH，你来找个好朋友一起照顾她吧。

小朋友们个个冲着HH喊："我来，我来！"这时HH接过"熊姐姐"径直走到了自己的好朋友琪琪身边，把"熊姐姐"送给了她。

班上的小朋友个个向HH投来羡慕不已的目光，这目光如同舞台上的镁光灯照着舞台中央的主角熠熠生辉，这或许就是我想要带给HH的舞台中央的感觉吧，其实孩子的自我效能感就是在无数被关注、被聚焦、被认同、被羡慕的基础上慢慢建立起来的。

午休时间我再次来到HH班，HH正安静地躺在小床上呢，我趴在她耳边轻轻地说："帮我把熊弟弟照顾好哈。"HH得意地回答我："我和YY小朋友交换了，我的是熊姐姐！""好吧，那你们一起把熊宝宝照顾好！"看来，两个孩子已经开始围绕着小熊游戏了，那就让小熊的故事一直在孩子们之间演绎下去吧。

现在，眼看着我桌面上的小熊花束越来越瘦小了，没有了当初的丰美，但我的小熊在孩子们心中生根开花了，不是一束，而是一片花海。

第二章
无为之益

2

来之不易的几行字

2015年9月30日

2015年5月，广东省教育研究院面向全省教育机构进行2015年课题申报遴选，得知消息后我马上和教师们一起行动起来。在大家的共同努力下，本园课题《惠州旅游资源幼儿教材开发研究与实践》获得立项，7月22日，广东教育研究院发文同意课题进入开题阶段。

接到通知后，我和课题小组人员开始了开题准备工作，在申报课题的立项报告中，我们最先考虑的是从人文角度将惠州旅游资源划分为红色、绿色、蓝色三个板块，最初我们的思路是：根据色彩特征确定红色、绿色、蓝色三色的主旨与定向，红色代表斗争、革命、胜利，绿色代表环保、自然、生态，蓝色代表现代科技与进步、未来畅想等，然后根据主旨定向，提炼选择相关的内容。根据这个思路教师们很快完成了开题报告初稿，并就课题研究内容进行详细的说明："红色代表革命之旅，包括秋长叶挺纪念馆、东江纵队革命纪念馆等内容；蓝色代表畅想之旅，主要介绍巽寮湾、月亮湾、大亚湾等海洋文化内容；绿色代表自然之旅，主要是旅游风光、民俗民风、当地美食等内容……"

这些年大家也积累了一些做课题的经验，认为前期的思路很重要，选择研究的内容要方向明确，措施恰当，这样便于后期工作的有效进行。开题报告初稿完成后，课题小组马上组织了讨论，就课题的研究内容反复推敲，很快就发现了一些问题：红色板块是根据色彩的内涵与寓意选择有关红色革命的景观内容，如选择具有革命教育意义的景点秋长叶挺纪念馆等；蓝色板块代表的是畅想之旅，而选择的内容是巽寮湾、月亮湾、大亚湾等，这些内容只是考虑了蓝色海洋的表象特征，不能很好地诠释蓝色科技发展与进步及未来畅想的含义；绿色板块中旅游风光、民俗民风、当地美食等小栏目之间也存在内容重复交织的情况。经过课题小组成员认真讨论、仔细分析，最后大家意识到由于在内容选择时概念界定不清而造成研究内容重复混乱、概念模糊，缺乏条理性与层次感。于是我们再次召开课题小组会议，商议如何从一个逻辑起点出发，厘清惠州旅游资源的层次结构，同时考虑有利于教师进一步查找资料与深入研究，做好小组与人员分工，避免重复劳动，以提高工作效率。

经过多次推敲后，小组成员们最终交上来来之不易的几行文字修改，由开始的"红色之旅、绿色之旅、蓝色之旅"修改为"如火如荼——革命情；如诗如画——山水间；如痴如醉——客家韵"，最后又以旅游景观为线索，调整为：

（1）湖光：西湖——五湖、六桥、十八景、东坡文化；红花湖——水帘飞瀑、永福寺、三江园、故乡园、环湖绿道。

（2）山色：南昆山、罗浮山、高榜山、象头山。

（3）海韵：巽寮湾、双月湾、海龟湾、大亚湾。

（4）江景：东新桥古码头、合江楼、文笔塔、朝京门、东坡故居。

（5）休闲：爬山、骑行、看花、摘果、温泉疗养、捕鱼。

以上五大板块各融合了自然景观、民俗风情、美食特产、历史文化四个方面的内容。

坐在办公桌前，我拿着修改后的开题报告，看着这来之不易的几行字，欣喜地发现教师的专业成长就在这毫不起眼的几行文字中。我想，这就是行动研究的魅力与意义所在吧，于是记下这个美好的开端，也记下课题组教师们的努力与用心。

游学随记

2018年7月28日

对日本藤幼儿园早有耳闻，前段时间正好得知广东教育出版社将组织日本游学团，其中就有参访藤幼儿园等项目，这种游学的形式很是吸引我，于是积极报名参团。2018年7月15日，我们一行20人如期前往，其间我们一共参观了7所幼儿园，有YAMATA幼儿园、都筑幼儿园、藤幼儿园、悠悠森林幼儿园、港北幼儿园、荏南田幼儿园、初音丘幼儿园，所到幼儿园硬件朴实而教育内涵丰富是我们一行共同的感受。这里记录下我印象深刻的一些片段，与诸位分享。

一、教育目标的疑惑

日本东京是购物的天堂。熙熙攘攘的银座大街两旁的商店中陈列着琳琅满目的物品，我听到许多的中国游客在与服务生用英语交流，而本地服务生的回应更多是用日语。"二战"结束后美国驻军日本，我想受美国的影响当地人的英语应该不会太差，英语交流应该在日本具有一定的普遍性吧，但当我发现游客与当地服务生进行英语交谈时，他们显得有些木讷，是日本课程中对英语教学不重视吗？后来我查看了一些资料得知，日本在2011年以前，英语不是小学必须有的课程；2011年后英语教育也只是从小学五年级开始。直到2016年，日本教育审议会发表如下内容："现在日本虽然日常使用外语的机会比较少，但能够想象学生从学校毕业之后将面临的是一个多语言、多文化的社会环境，因此，各位国民对外语的理解程度也是十分重要的。"而在亚洲及欧洲各国，早在2000年就已经将英语确定为小学生必读科目，以培养国际化人才为目标。

游学的第二天来到藤幼儿园，理事长加藤先生为我们作幼儿园介绍，并播放幼儿园简介。我看到PPT其中一段写着："英语课程教育目标——让日本人比较好地用英语来传达日本的文化与精神。"当时我以为PPT上会有一些翻译失误，因为我了解到许多幼儿园拟定英语教育目标普遍是为了培养国际化人才，而这样把本民族放在主体地位表述的目标却寥寥无几。后来翻译官川崎先生现场翻译了加藤理事长的讲话，我仔细聆听并再次证明PPT中的教育目标翻译无误。加藤先生反复强调学英语并不是要让幼儿当美国人，而是让幼儿长大后能够用英语来向世界传达本国的精神文化。这极具民族指向性的课程目标设定让我感叹加藤先生作为教育者的良苦用心，但从加藤先生理所当然的神情中，一切又是那么自然而然。

这让我思考，当我们在谈论日本英语课程推进滞后的时候，我们是否忘却或是不知"为谁而学"；当我们用流利的英语疯狂采购的时候，我们是否恰恰

失去了"自我"？国家兴亡，匹夫有责。民族精神需要从幼小培养，让课程富有民族性是培养具有民族感孩童的前提，教师职业的确是神圣而伟大的，而学前教育于国家战略发展来说更是重中之重，是国家强大的根基啊！

二、我们都是玩具

第一站参访的是YAMATA幼儿园，园长集中介绍完毕后，就兴致勃勃地带我们参观他们的陈列室。拉开陈列室的大门，只见空空的场室中摆放着一个略显粗糙约一米直径的球状物品，园长迫不及待地介绍起来："这是我们孩子们精彩的作品，是为一个国际活动专门制作出来的地球仪……"我仔细端详这个"精彩"的作品，看到的是球体造型有些不圆、纸质粘贴厚度不一、表层色彩涂抹不匀、七大洲五大洋分布不清……园长继续眉飞色舞地介绍："你看这里有孩子们的小手印呢！"……后来，我了解到这个陈列室还有其他的场室用途，这个地球仪作品因为占地较大暂时存放在这里，陈列室的门是推拉式的，可以随时打开与走廊连通，便于幼儿进去观察欣赏。参观完，我们发现幼儿园的环境布置全都是孩子们的作品，这些作品可以观赏，也可以用作玩具。后来参访的几所幼儿园也一样，这些作品在我们看来粗糙而简单，而且他们活动室很少有玩具柜，即使有也是用来存放幼儿的书包及幼儿户外所用的水杯、帽子等物件，活动室里极少见到成品的玩具材料。户外的器械也是以木质的探险性的体能器械为主，并且依据园所地理环境，因地制宜而设计。所有的幼儿园户外操场的地面全部是自然的沙石、泥土，没有看到鲜丽的塑胶软操场或是橡胶悬浮拼装地板之类。藤幼儿园加藤先生的一句话让我记忆深刻："幼儿园里全都是玩具，我个人也是玩具。"后来到了悠悠森林幼儿园，渡边园长也对大家说："你们要带着孩子的心情来参访与体验，幼儿园里的一切都是属于孩子们的。"的确，参观藤幼儿园、悠悠森林幼儿园等几个园所，我看到了饱含教育理念的设计内容和无处不在的玩具：便于幼儿观察的天窗、探险式的旋转楼梯、四通八达的迷宫走廊、没有起点和终点的屋顶跑道、利于环保没有水槽的水龙头装置、便于探究的老式照明灯泡与开关、大人和孩子可攀爬的室内挂网、人性化的幼儿洗手间，以及户外农场、饲养区、与自然环境融为一体的探险器械，当然还有那些面带微笑的安静教师。在悠悠森林与港北幼儿园我们淹没在"玩具"的世界里，情不自禁地被游乐情境所感染，如孩童一般嬉戏玩耍起来。此时我明白了两位园长话语的深意，更想起了我国教育学家陶行知老先生的教导：周围的一切，包括人、物与大自然都是孩子们的"玩具"。孩子的玩具是什么？当我们能清楚认识并这样做的时候，就是我们倡导的儿童观、教育观、发展观在实践中的知行合一时！

三、问题何在

虽是三十多摄氏度的高温，在YAMATA幼儿园的户外活动场地上，我们随处可见孩子们在猛烈的太阳下三三两两活动的身影。在荡秋千的器械处，有两个孩子在荡秋千，秋千荡起来有一米多高，我正担心孩子们的安全问题时，其中一个秋千上又站上了一个孩子，变成两人合作荡秋千。在秋千的旁边还有一座设有跳台的游乐器械，约一米六高的跳台上站着三四个孩子，跳台正面也只是用两条细铁链作为围栏，而没有设置封闭的安全栏杆，孩子们站在高台上的"围栏"旁边热情地跟我们打招呼，没有丝毫的恐惧感。柿子树下有三个小男孩正蹲在地上聚在一块儿，好似在研究地上的蚯蚓、小虫之类。活动室后面的草地上有三个男孩，指手画脚地不知在说些什么，只见一个小男孩点点头，径自走到旁边的球门前，做好了守门姿势，而另外两个则抱球走到操场中心，原来他们正在商议如何分工，一个小足球队就这样组建起来了。我放眼搜索偌大的操场上孩子们的教师在哪里，终于看到围墙边的小树下有一位女教师默默地微笑着。

中午我们来到麦当劳餐厅，在餐厅我看到了有当地的四家人带着孩子来餐厅聚餐，几位妈妈与麦当劳的服务生商议后，四个孩子系上了小围裙在服务生的带领下，走进麦当劳的操作间进行参访观摩，社会实践课程就这么顺其自然地开始了。观摩结束后，四个孩子并没有缠着自己的妈妈，而是在餐厅游戏起来，我听见他们聚在一块儿，嘟嘟嚷嚷商议着什么，很快就有一个孩子站在前头开始指挥其他几个孩子排好队形。我虽听不懂他们在说些什么，但大概能猜到孩子们在玩类似军训方面的游戏，一项合作活动就这样在不知不觉中完成了。

这几日，不论在幼儿园还是在社区，我发现孩子们能很快地抱团游戏或是学习，而无须成人的分配与指导，这是让我非常惊讶的事实。个体强壮、团队凝聚是这次我对日本孩童的印象。反思我们的教育活动，我们教师也认识到合作对幼儿发展的重要性，但就是不知道如何去培养，在活动中常常听见教师说：你们合作一起活动呀！而小朋友们却不知所措，不知如何进行分工合作，在合作性的活动中许多的分工都是由教师包办代替的。问题何在？这是我们作为教育者必须深刻认识与反思的问题。

四、一尘不染的街道

东京的街头没有我们常见的花团锦簇的绿色景观，即使有也是以盆栽方式为主，因而人行道地面被树根破坏的情况基本没有，更不存在街头修复地面的工人与修剪树枝的绿化工人。绿化景观采用集中的方式来呈现，在东京新宿区就有一块占地面积达58公顷的新宿御苑国民公园。沿途的山林极少有沙土裸露的情况，全都是郁郁葱葱的树林或田地。据了解，日本国的森林覆盖率高达66%，而我国的森林覆盖率只有15%。在人力、物力及自然资源稀缺的日本，这种集中的方式有利于资源的高度整合与管理，这样的做法是否带给我们一些启发与借鉴呢？

最后一天我们参观东京玩具美术馆，参观完我们三三两两地往回走。在美术馆的庭院里，走在我们前面的是三个日本人，只见其中一个老人弯腰拾起地面不知被谁丢弃的一个白色纸团，然后小心地塞进自己的提包里。此时，我明白了，为什么来东京近一周我没有看见街头有一处垃圾、一片纸屑。街头基本见不到垃圾箱之类的公共设施，而地面却保持着高度的清洁卫生，即使有公用垃圾箱也有着严格的分类，有纸质类、塑料类、玻璃类……日本的垃圾车每天只收几个品种的垃圾，今天收玻璃垃圾，明天收纸质垃圾等。每个民众都是环境的清洁工，这样分散承担的方式大大缩减了国家人力成本。在回程的大巴上有同伴在感叹："我们也在做垃圾分类啊，但是好难推进。"的确，看似简单的事情做起来并不简单呢，一是全民参与意识、民众良好的习惯是前提；二是建立垃圾分类、回收、利用的产业链条是基础；三是构建科学合理的常态化机制是保障。

不一样的景致，不一样的风情，在一览异域风光后，我们回家，又见熟悉的脸庞，又听闻亲切的乡音，内心涌动的是无尽的感慨，我可以为孩子们做些什么呢？

一封 "不宜发送" 的信

2018年8月21日

各位教研员：

你们好！

假期陆续听到一些关于本次教研员遴选工作的看法，谢谢大家对此事的关心，这里我也与大家谈谈我的认识。

实践证明，近年来你们的努力给幼儿园教研工作带来了很大起色，教研组制度也得到了广大教师的支持！所以，在下一个周期我们继续启用教研组带动的方式开展教学工作。这次遴选教师们能踊跃报名参加，本是件好事，但名额的原因势必会存在竞争，又给大家带来困扰与焦虑，这种情绪的产生我们很能理解。

2016年，我园实行了教研制度改革，现有教研员制度由年级组长制度转型而成，第一届教研员由原年级组长自愿填报，自然过渡。按照本园 "三年一评聘" 工作的统一部署，教研员工作周期与幼儿园 "三年一评聘" 工作同步，本次教师系列教研员岗位自愿填报工作，是新一届教研员遴选工作的一部分。新一届教研员申报需具有班主任工作经历，在符合一定条件的基础上进行自愿填报，以遴选方式产生新一届成员，教研员任职周期为三年。

遴选的目的不是发掘演说家，而是以此倡导教师要成为务实型与研究型的教育者……所以遴选方案中提及的现场演说内容应重在实与做（实际做了什么，今后如何做，为什么这样做）。这次遴选就是为了选拔出热心教研并具有一定才干的教师，全面带动本园的教研工作，因为教育质量是幼儿园发展的根本，教师专业水平的高低直接影响幼儿园的教育质量。

"言一丈不如行一尺。" 大家的当务之急是抓紧时间认真准备，好好厘清工作思路，提出自己对教研工作的看法，将竞争的平台作为展示自己才华的平台，将压力化为动力，在不断突破舒适圈的过程中，找到破茧而出的成就感。每个岗位都有每个岗位的精彩，不管遴选结果如何，大家都应该不断培养自身坦然面对、积极自信的心理素质。

作为园长，有时囿于能力与学识，有时囿于执念与视野……很多工作还做得不尽到位，如竞聘方案的制订还不够完善，组织工作不够严谨，等等。欢迎大家随时沟通，我们再做探讨与改进。

祝假期愉快！

此致

敬礼

周洁

2018.8.21于源城

后记：我将此信通过信息的方式发到了幼儿园班子工作群，并征求我的搭档H与L的意见。她们认为，这封信只是针对某一群体，在"非常时期"为避免给候选人带来心理影响，所以这封信暂时"不宜发送"。

管理反思

2019年3月1日

行政副园长HH是个做事干练、性格开朗的人，这段时间常在我面前愁眉不展，原因是尽管她反复跟员工提醒与强调工作纪律，但效果不佳，这让她甚是烦恼。从面上看是员工思想境界与工作态度的问题，但仔细分析原因，是我作为一园之长在人事安排与调整上出了问题。

情况描述：

2010年，我担任园长一职，行政班子配备是一正两副（业务副园长、行政后勤副园长），原有行政人员有办公室人员一名、园长助理一名、保教主任一名，考虑到人员过渡时期，当时三名行政人员的职位及工作内容，我并未重新调整。在后续的几年中，随着行政工作量的增大，我减少了助理协助自己的一些事务，让她更多地配合行政副园长工作，对于新增的工作也采取临时分摊给各行政人员的做法。2015年，为统一命名方便管理，对行政人员的职位名称进行了更改，即"保教主任"称呼保留，"办公室人员"更改为"办公室主任"，"园长助理"更改为"行政主任"，行政人员根据自己承担工作的不同，接受不同副园长工作指导。

随着社会的不断发展，各行各业工作要求越来越高，行政事务管理越来越规范。近年来，需要各部门及人员之间合作的事务越来越多，但大家总感觉交流不顺畅，这些问题让我甚是烦恼。

一、主要问题及成因

（1）"在后续的几年中，随着行政工作量的增大，我减少了助理协助自己的一些事务，让她更多地配合行政副园长工作，对于新增的工作任务采取临时分摊给各行政人员的做法。"

从上述情况来看，虽然给副园长增加了人力，为什么还是出现效能低下的问题？究其原因，主要是园长只是从工作量上进行平均分配，而没有按工作类型归属到不同部门进行管理，如行政主任承担了考核方面的工作，保教主任承担了考勤方面的工作，而考核是包括考勤的内容等，这种按量分摊的方式，容易出现同一件或同一类事情由多个人负责，而造成人员在沟通环节上的耗费。可见，出现"一个和尚挑水喝、两个和尚抬水喝、三个和尚没水喝"的状况也就在所难免了。

（2）"2015年，为统一命名方便管理，对行政人员的职位名称进行了更改，即"保教主任"称呼保留，"办公室人员"更改为'办公室主任'，'园长助理'更改为'行政主任'，行政人员根据自己承担工作的不同，接受不同副园长工作指导。"

从幼儿园行政人员的职位命名来看，存在概念界定不清的问题，行政主任与办公室主任的名称雷同，工作内容有很多存在重叠，两个职位完全可以合二为一。而后勤工作是幼儿园工作中很重要的一部分，则可以将职位单列出来，这样有利于强化后勤职位职能，增强工作人员的主体责任。因此，将原有的"办公室主任、行政主任、保教主任"更改为"后勤主任、行政主任、保教主任"更为合适一些。三名主任的工作分别对接业务副园长、行政后勤副园长的工作。

（3）"近年来，需要各部门及人员之间合作的事务越来越多，但大家总感觉交流不顺畅，这些问题让我甚是烦恼。"

有因必有果，有果必有因，这些烦恼恰恰是自己造成的。提高工作效率不仅仅是增加人员、增强人力，还要强化各级职能，明确园长、副园长及行政人员的角色定位、明晰岗位的职权与职责。作为园长要不断加强现代管理理论的学习，履行好管理者职责，发挥好管理的计划、组织、领导、控制的职能，计划、实行、检查、总结构成了一个封闭的管理圆环，高效的管理过程其实就是圆环循环滚动向前的过程，如果用现代网络术语来说明，就是每完成一次从起点到闭环的过程就是一次"迭代更新"。在管理实践中，园长往往只是停留在第一环的交代工作、计划安排上，缺少了实行、检查、总结的环节，从而大大降低了管理效能。副园长作为二级管理者，既是指挥员，又是战斗员，对于分管的业务要熟悉、对园长安排的任务要事先消化，通过合理安排、督促指导、反馈总结，保障分管事项的圆满完成。

（4）"原有行政人员有办公室人员一名、园长助理一名、保教主任一名，考虑到人员过渡时期，当时三名行政人员的职位及工作内容，我并未重新调整。"

园长交接属于幼儿园管理的大事件，在过渡时期沿用惯常做法有利于队伍的平稳及工作的顺利开展，但如果组织需要变革，利用大事件对组织进行变革不失为一个好机遇。当时"我并未重新调整"的决定，更多是受到自身个性的影响，如今这个"未重新调整"的做法，越来越呈现其弊端，随着时代的变化、社会的进步，新时代对教育的高标准与高要求等社会形势，迫使我们的工作需要不断革新，内部规范化建设势在必行，园长需克服自身个性与性格的不足，抓住机会果断革新。具体做法是从修订制度规章、工作细则入手，不断强化工作职责，规范工作流程。比如，修订行政人员工作职责，细化行政人员分工，增强办公室人员基本功训练（电脑操作、打印、复印、扫描、拍摄、宣传制作等）。采用部门负责制，实行一岗双责，当新任务出现后，根据内容与性质进行分类，归属到不同部门进行管理。对外接待活动也采取部门组织方式（全园性的会议、活动归属行政后勤部来组织），取消专门的文印人员、通信人员、接待人员、拍摄人员等，由部门直接组织的方式减少了中转环节，大大提高了工作效率，节约了人力资源。

二、反思与做法

（1）畅通机制。园长应实施制度管理，树立管理整体观与系统观，科学设置管理层级框架，清晰界定岗位职位、职责、职权，而岗位职能与内容也要匹配对等，明确岗位职责与功能是什么，内容有哪些。

（2）广泛宣传。园长应积极运用领导策略，即使是职位名称的小小更改也属于行政工作的改革，园长要"小题大做"，对员工广而告之，公示岗位职责的做法不仅让员工知晓岗位服务内容，方便员工办事，也有利于增强办事员主体责任，从而提高工作效率与服务满意度。

（3）坚定推进。园长应不断增强领导素养和专业发展，与时俱进，加强科学管理理论的学习，不断丰富管理知识并将理论积极运用到实践中。当工作革新出现障碍时，丰富的理论修养是坚定改革的动力源泉，园长要积极宣传与发动，保障改革措施得以有效实施。

（4）突破局限。园长应实施科学管理，在管理过程中不可个性使然，工作仅仅凭经验和满腔热血是远远不够的，管理中要摒弃固有的思维模式，突破个性的局限，将经验管理模式转型为现代科学管理模式。比如，温和派的园长在管理过程中，受到自身个性的影响，往往会采取求稳怕乱、沿用既往的做法，出现对原有做法不善于主动变革的情况。作为管理者应正视自身管理的"短板"，从现代管理理论的视角对自身管理实践进行检测，在充分发挥自身个性优势的同时，积极运用科学管理理论进行实践指导，不断调整管理策略。

（5）抓住机遇。有人说，未来最重要的资源是"问题"，提问比获得更重要。园长应积极运用组织行为管理理论，当管理中出现问题时，我们更需要正视它的存在，并把它利用起来，因为它正是促进变革的动因。从本案例可以看出，造成大家扯皮推诿、互相埋怨、效率低下的原因有：一是外界环境发生变化，不断出现新政策、新制度，社会对行业规范化要求越来越高；二是内部机能失效、人员老化、观念陈旧、缺乏创新等。这些问题爆发的时候也正是调整与改变的成熟之时，现有的状况促使大家清楚地认识到原有的模式不得不改变，园长要抓住机遇、果断决策、稳步推进，在里应外合的状态下，让员工从心里自然接受改革的事实，从而让新方法、新措施得以顺利实施。

一群人 一辈子 一件事

2019年4月23日

"广东的客人在哪儿，广东的客人呢？"刚踏进江苏南通通州区幼儿园的大门，一个响亮的女中音迎风而来，不见其人，只闻其声。我们在幼儿园门厅来来往往的人群中，朝着中音的方向，顺着人群中高举挥动的手臂，找到了中音的主人——南通通州区幼儿园园长张宏云女士。张园长一头微卷短发，一身修身西服套装，一张满面春风的脸，从第一眼我就觉着她是一个开朗、热情、执着、干练的人。

进到园里，张园长与我们娓娓道来，从幼儿园里要有"孩子们的欢笑，树叶的呼吸"，到见证幼儿园每一步成长的香橼树林，以及开放式的绘本馆空间设计，还有在李吉林教育家带领下的情景剧研究课题……我再次理解为什么业界会流传这样的一句话：中国教育看江苏，江苏教育看南通。不是吗，昨天南通师范第二附小朱丽校长为我们介绍了本校李吉林老先生的事迹—— 一个人、一辈子、一件事，80多岁高龄仍扎根学校，全身心投入教育一线。今天在通州幼儿园，我从"广东的客人在哪儿"那一声吆喝开始，就被张宏云园长的个人魅力吸引，被吴小凤、丁燕、钱可老师的教学活动打动，被张燕梅副园长的"绘本情景剧促进幼儿创造性思维发展"课题的研究精神感动。在对通州幼儿教师团队专业能力的一声声赞许中，我想到了李吉林先生的名字，吉林—— 一片祥瑞的森林，从一株到千万株……从一个人到一群人，展现江苏教育新气象！今日不虚此行，让我不得不说：中国教育看江苏，江苏教育看南通。

时间过得飞快，一天的跟岗活动在园方精心的组织下圆满结束了。宏云、燕梅两位园长一直把我们送到园外活动场，走到幼儿园大门时，张园长还特意对门口接园的家长们说："这是我们广东的客人！"言语间充满了自豪，"走，我们去那边拍照留影！"在张园长极富磁场的音色感染下，我们一群人又随着张园长到户外操场拍照留影，影像定格在2019年4月23日，片名：《一群人 一辈子 一件事》。

怎么管

2019年3月11日

上午九点多刚回到办公室，副园长LL就过来找我了。

"园长有空吗？"

"有什么事吗？"

"是这样的，有些事我想跟您请示一下。"

"好的。"

"园长，今天早上我和几位教师已经将上学期买的一些户外沙水区材料拿出来了，这些材料都非常好，为了方便取放、保管及使用，现在需要购置一批储物柜，改造洗手槽，安装多个水龙头……"

"哦，可以的，但是要把握几点，一是先采取临时方案，利用现有条件对材料归并、整合存放；二是做好购置与改造的相关预算及市场询价，分步实施；三是实行责任制，加强对区域物品的管理。"

"那怎么管呢？"

"实行区域负责制。"

……

为什么说要实行区域责任制，这些年我是有感触的，只要涉及共享物品，那是越"公共"越"无主"，物品破损丢失的严重度远远高于个人保管的物品。

我回想自己这些年的管理工作，在推行物品精细化管理方面，还做得不够到位，关注了物品是否能够采购，如何规范采购，以及物质分类入库，但最后的整理整顿环节是做得比较粗糙的。当然，一开始是建立了负责制，各个区域的材料都有专门负责人，但管理中管理者监督不到位，最终导致负责制形同虚设，看来这方面的工作今后的确要加强。

中午到幼儿园餐厅就餐，我正好与LL同桌，我又谈了一些我的看法：推行区域责任制是很有必要的，户外区域材料的管理可以让负责人班级的幼儿也加人进来，这不就是一个很好的生活课程吗，让幼儿做生活的小主人不能停留于书本，而是利用好身边的小事，在事件中让幼儿学会遵循规章、履行承诺、服务他人。

督学案例

——让园本学习不再成为一种累

2019年9月26日

一、案例背景

根据惠州市政府教育督导室的工作安排，每年学校开学季都会对市直17所中小学校（幼儿园）进行专项督导检查，通过审阅自查报告、统计相关数据、实地查看、调阅佐证材料等形式，对学校（幼儿园）编班情况、教师专业发展和学校特色建设等情况进行挂牌专题督导。我作为市督学也参与了市直三所幼儿园的督导工作，市直3所园包括惠州市机关第一幼儿园、惠州市机关第二幼儿园及我所在的惠州市机关幼儿园。由于业务关系，3所幼儿园园长彼此间都比较熟悉，对幼儿园各自的基本情况也比较了解。同时，惠州市机关第一幼儿园的副园长是我园长工作室的成员，所以，我除了以督学的身份到其他两所园进行工作，也会经常为其他业务来到这两所园参与他们的活动。

在与幼儿园教师的多次接触中，我感受最深的是教师们会经常说起幼儿园学习与工作任务重，做幼儿园教师很累。当然这里也包括我园的教师，自然也包括我自己。这种普遍性的感受与反映不得不引发我的思考，我们这3所园的教师绝大多数是有事业编制的工作人员，工资福利待遇由财政全额负担，相对于其他民办园教师的工资福利来说，我们有过之而无不及，相对而言是比较有保障的。那么，这种情况是否具有普遍性？是什么影响了教师学习的积极性与快乐感？

二、案例描述

为了帮助教师找到快乐学习的路径，让园本学习不再成为一种负累，于是，我决定以《幼儿园教师专业发展与园本学习调查问卷》《幼儿园骨干教师职业生涯规划调查问卷》为切入点，从析现状、溯根源、剖机理到调生息，力求每一步稳打稳扎、周密严谨，以便获取更为客观与广泛的数据信息，研究出相关的措施与方法，为督学单位提供一份科学实用的督导建议。

（一）析现状

1. 问卷发放的基本情况

《幼儿园教师专业发展与园本学习调查问卷》发放范围：惠州市机关幼儿园、惠州市机关第一幼儿园、惠州市惠阳区机关幼儿园、博罗县机关幼儿园、惠东县机关幼儿园、龙门县示范幼儿园6所公办园及其他民办园。有效问卷160份，其中，男性4名，女性156名；40岁以下的占46.25%；教龄10年以上的占68.75%；公办园占93.13%，民办园占6.87%。

《幼儿园骨干教师职业生涯规划调查问卷》发放范围：惠州市机关幼儿园、惠州市机关第一幼儿园、惠州市惠阳区机关幼儿园、博罗县机关幼儿园、惠东县机关幼儿园、龙门县示范幼儿园6所公办园及其他民办园。有效问卷218份，其中男性4名，女性214名；35岁以下的占56.42%；教师占72.02%；公办园占69.72%，民办园占30.28%。

2. 园本学习的主要途径

（1）调查结果显示，教师在解决工作中困惑的办法主要有三种：园本学习、阅读专业书籍或期刊、老教师专业引领。

（2）在个人自主学习方式的调查中，83.75%的教师认为，看专业书籍是个人学习的主要方式。

（3）有90.83%的教师把阅读规划类书籍作为职业生涯规划技能提高的重要途径。"教师读书"在教师学习与成长中的重要性可见一斑。

通过了解这几所幼儿园的园本学习主要形式，包括园本教研活动和教师自主读书等，这两种形式的活动被教师普遍认同。

3. 教师学习的现状分析

（1）教师每天自主学习时间少而短。从调查教师学习时间的情况看，教师安排的学习时间较为零散，每天坚持一小时学习时间的只占22.5%，每天花半小时学习时间的占58.75%，但时间仅仅是半小时，利用碎片化时间学习的占10.63%，没有安排学习时间的占10.63%。

（2）学习计划形同虚设。调查显示，40%的教师制订了自主学习计划，但出于各种原因，超出半数以上的教师有计划但没有坚持完成或实施，有的甚至没有计划。

（3）工作繁重与压力成为普遍反映。在影响职业生涯规划的主要因素调查中，55.96%的教师认为是工作任务繁重，无暇顾及自身发展。76.88%的教师认为工作任务繁重、压力大成为当前教师专业发展面临的最大困难。看来工作的繁重与压力，让教师无法抽出时间在学习与专业发展上投入更多的精力，成为教师在职业生涯寻求快乐与发展的绊脚石。

（二）溯根源

1. 园本教研繁重而低效，成为工作负累

（1）园本教研活动占据了教师较多独立思考的时间。据统计，这3所公办园教师的备课时间累计平均为7.5小时/周，每两天才有一次完整的备课时间，每次完整的备课时间也不过2.5小时，在仅有的备课时间内除了要完成日常教学活动准备、班级班务活动准备、家长工作内容之外，还要参加园本教研。多数园所教研活动基本为每周一次，而且通常是利用教师备课时间，由于教师个人时间被挤占，加之教师又要完成常态性的各项准备工作，教师们往往对教研内容来不及理解与消化，教研活动不但没有起到促教的效果，反而成为一种工作负担。

（2）园本教研主体角色弱化。普通教师是园本教研活动的主体，在园本教研活动中本应具有主导权、决策权与支配权。但从调查问卷中看出，领导及级组长来确定学习内容的情况，占了半壁江山。同时，教师作为园本教研的中心角色，以主体角色主导园本教研的比例也很弱。学习活动的主持者绝大多数是园长、教研组长、级组长等，普通教师主导的学习活动只占24.38%，呈现出活动主导权依次递减的梯级层次，导致在园本教研活动中主体角色弱化，教研角色本末倒置。

（3）园本教研组织形式影响学习效果。研究表明，大型活动由于人员之间互动机会少，获得的信息及其他方面的资源也受到一定的限制，由于物质、信息、能量交换不充分，个体学习的效果自然受到一定限制。这几所幼儿园全园性大教研与分级组学习，成为园本学习的主要形式，而班级小型的学习活动是比较少的，由于教师的困惑主要源于班级的教学活动，全员性的教研及级组学习活动缺乏针对性，相对于班级学习形式少了一些即时性与可操作性，这也是造成园本教研低效的原因之一。

2. 教师读书肤浅而低效，成为书本的奴隶

在"您主要从以下哪个途径获得专业发展"的调查中，77.52%的教师把阅读专业书籍作为专业发展的主要路径，90.83%的教师认为阅读书籍是提高职业生涯规划技能的主要途径，可见教师读书是教师学习形式中最为普遍的一种，并成为教师的共识。

尽管如此，为什么许多教师又无法在阅读学习中获得成长的快乐呢？我查阅了大量文献资料，其中，华南师范大学教科院刘良华老师的撰文《教师学习行动计划》给了我很大的启发。他认为，许多教师的读书流于形式，停留于阅读的肤浅层面，而没有影响到教师的深层精神生活。"教师学习"主要是指"教师读书"，"教师读书"与一般的"读书"方式不同，有效的"教师读书"应该是"以问题为中心的学习"，引起教师"教育信念"的改变，而积极的人生信念是有效与愉快工作的生发之源。积极的"人生信念"既源自个人生活实践的"体验"，又来自对他人生活实践的"关照"。有效读书就是从"走进大师世界"开始，阅读书籍可以帮助教师跳出自己狭小的个人圈子，观察与感悟他人的生活实践与态度，从而形成积极的人生信念与追求。在人生价值追求的推动下，进入"与大师对话"的读书境界，学习或调整自己的教育观念，最后参考与借鉴大师的教育实践成果与具体做法，改善自身问题教育行为，从而"走近大师"，以实现自我价值，获得心灵的慰藉与满足。

因此，释解教师学习的累，需要从园本教研及教师读书两个主要路径着手，解决其低效或无效的问题，才能真正提升园本学习的质量与效益，让教师在专业成长之路上，一路收获一路歌。

（三）剖机理

有效学习，是指符合教育、教学原理的学习，它的目的是花更少的时间，学到得更多、更牢、更好，用正确的学习方式，达到事半功倍的效果。关于有效与无效的问题，我又专门请教了惠州学院的罗红教授，她说："做到有效最好的办法就是去除无效或低效。"真是一语惊醒梦中人。于是我再次进行问题调研，根据收集的惠州市机关第一幼儿园及惠州市机关幼儿园等6所园，关于《园本教研活动中的低效问题》及《教师读书（阅读）的低效问题》问题清单的内容，依照"四去除"原则，提出如下具体的整改措施与方法：

1. 去除内容无效原则

去掉不必要内容、减少重复内容、将内容分类等。

2. 去除时间无效原则

去掉不必要集中、减少重复活动、利用碎片时间、利用网络传递等。

3. 去除人力无效原则

精简人员、合理搭配、明确责任、强化专业、高效组织等。

4. 去除物力无效原则

删繁就简、环保利用等。

园本教研低效问题整改清单：

问题类型	问题现象	整改措施与方法
（一）时间与量的问题	1. 太多的会议及与教学无关的事务占用教师太多的时间和精力	1. 合并会议 2. 会议套开 3. 网络公告 4. 非正式会议（碎片时间） 5. 减少大型活动 6. 开设问题热线
	2. 教研频率较高	减少次数
	3. 集体式教研多，交流与探讨不充分	减少集体式教研
	4. 研究课题及内容多，无法潜心深入钻研	"一"是最好原则（一个教师、一个课题、一个研究方向）
	5. 为反思而"反思"，一堆废纸束之高阁	取消无谓的反思
（二）教研模式问题	6. 自上而下的固定模式，活动中园长主导多	课程菜单自选
	7. 教师不能自由选材	课程菜单自选

问题类型	问题现象	整改措施与方法
（三） 教研内容 问题	8. 园本教研形式单调乏味	课程菜单自选
	9. 教研内容繁杂，没有针对性	确定教研主题
	10. 教研内容不系统，没有长期、整体的规划	课程菜单系统化
（四） 教研成果 问题	11. 缺少教研后的行为跟进与教研内容的延展研究	课程菜单系统化
	12. 不重视成果总结与推广，"捡了芝麻，丢了西瓜"，研究成果半途而废	课程菜单系统化
（五） 组织与 管理问题	13. 研究氛围不浓，教师缺乏改变自我的动力	建立激励机制
	14. 重表象研讨，不善于从现象中发掘问题，揭示规律	专家指导及外援支持
	15. 教研走过场，研究内容只是不同问题的罗列，泛泛而谈	调整关注点

教师读书低效问题整改清单：

问题类型	问题现象	整改措施与方法
（一） 时间问题	1. 平常教学任务繁重	1. "一"是最好原则（一个教师、一个课题、一个研究方向） 2. 有选择性地参与活动或承担任务 3. 利用碎片化时间，随机阅读
	2. 家庭琐事影响	
（二） 态度问题	3. 没有养成读书的习惯和兴趣	1. 找到适合自己的阅读方法、阅读书目 2. 强制规定阅读时间段 3. 参与分享会获得自我效能感 4. 转变与调整动机
	4. 只是为了完成任务和遵从	

问题类型	问题现象	整改措施与方法
（三） 方法问题	5. 阅读没有计划，随意性大	制订个人学习计划书
	6. 遇到"不知道读什么书"的困惑	"精读三本"活动方案
	7. 没有根据自己的需要来选择阅读材料	"精读三本"活动方案
	8. 阅读范围不广，局限于某一类的书籍	"精读三本"活动方案
	9. 读书没有针对性，出现读书归读书，教书归教书的现象	"精读三本"活动方案

（四）调生息

通过现场了解及调查统计得知，园本教研及教师读书是教师专业成长的主要途径。那么，拿出一个较为完善的方案并加以督导实施，提升教师园本学习的有效性，让幼儿园教师摆脱学习的苦恼，是体现这次督学督教工作的关键与成效所在。因此，除了动员大家主动去除学习活动中的无效或低效成分之后，还需要再次对这两类活动进行深层次的优化与革新，这里不仅仅涉及教师个体的问题，更多的是幼儿园组织管理者的问题。

1. 构建共同体式教研模式，为学习增效

教师发展其专业知识与能力不完全依靠个人的努力，教师策略与风格的形成与改进，更大程度上依赖于教师之间的协同力量。也就是说，在与同事相互提携、合作过程中，教师可以获得更多专业领域的支持，把自身教学、研究反思推向更深、更广、更宽的位置，从而完善自己的知识结构，解决问题的能力进一步增强，个人需要与利益得到实现。因此，建议督学单位重新审视园本教研模式，打破教师"独学无友"的学习方式，克服其学习的封闭性与低效性，从根本上解决园本学习低效问题。以"合作、共赢"为指导思想，从目标制定、内容设置、制度建设、组织形式、途径方法等方面进行研究实践，构建"学习共同体"园本教研模式，为园本学习研究注入鲜活的生命力。

2. 建立自主读书计划，为学习添趣

以个人兴趣与发展需要为导向，探索自导自控、独立自主的学习方式，制

订具有计划性与生成性的自主读书计划，建立教师专业成长档案，探索有效的个人自主学习路径。

（1）建立共享资源库。惠州市机关幼儿园借助园长工作室的力量，首先建立了线上《乐读书屋》图书资料库，并将线上图书资源与其他园所进行共享。

（2）开展书社活动。鼓励各幼儿园成立书社，书社学员以自愿为原则加入书社组织。为增强阅读的自主性、趣味性及反思性，开展"精读三本"活动，让学员自愿报名参加本次活动，学员需要制订简单的个人读书计划。将书籍分为三类，第一类是生活智慧类，第二类是教育新理念类，第三类是教育随笔类，让学员从三类书籍中各选取一本最喜欢的书，建议学员阅读时可从小文章和小片段开始，并写下随笔，对随笔不作篇数、字数、格式等要求，只要是自己的真实感想、感悟的片言只语都可。

三、案例反思

（一）解难人

督学的角色不是高高在上的钦差大人，如果督学以这种身份和角色出现，必然会引起督学单位的不满和抵触。因此，督学应调整心态与摆正自身角色位置，多站在督学单位的角度思考问题，以自家人的身份，急人之所急，想人之所想，帮助督学单位及教师解决实实在在、切切实实的困难与困惑，才可能成为大家企盼的解难人。

（二）带动人

督学的工作不是为了给对方下结论、写定语或是贴标签之类，而是要既督又导，导是工作的最终目的与结果。因而督学需要熟悉与了解工作业务，具备一定的专业能力与水平，运用现代化信息手段，整合各方的资源，深入了解、广泛研究，为督学单位提供有利的资源条件、客观的数据分析及具体的实践指导，成为督学单位信任与尊重的带动人。

（三）同路人

不论是督学单位还是督学，我们工作的初心都是为了在各自的岗位上，为办好人民满意的教育交上自己合格的答卷。这次的督导调研等系列工作，我作为不同角色深入其中，对同行的工作与学习感同身受，在履行督导一职时，更是促进我在工作方式、研究思路、协调能力上得到较大的提升，与其他姐妹园所结下了更为深厚的友谊，这些督导之外的点滴收获，更坚定了我们同道中人的使命感与责任感。教育是国之根本，关乎国之兴盛、民之富强，为实现中华民族伟大复兴的历史使命，在开拓学前教育新征程中，我们每位教育工作者责无旁贷。

后 记 ▶

那些事与那些人

在久久的期盼中我拿到了样书，不知怎的当时并无太多的惊喜与激动，或许是因为我太熟悉这图中画里的事与人，太了解这字里行间的意与情。

一、书中的那些事

手握这本淡绿色的书册，在校对书稿的时日里，总觉着难以尽意。自己虽班门弄斧也作书立传，但本书内容却难以呈现本园悠久丰富的办园历史与风貌一角，理论价值也不足一晒，现在想来实在愧不敢当。

书中有些内容特别是关于课程研究方面，随着课程园本化研究不断深入，许多内容又重新做了审议与修订，因当时书籍已通过出版社审核，所以来不及将新的内容补充与替换进去，以至于有些内容表述存在错漏。

还有幼儿园建设与发展涉及的工作有很多，本书只从内部建设的四方面来做说明，且粗略而浅表，实践指导性与操作性还不强。不过就我个人而言，这也算是一个很好的提醒：一是原来已做的工作还需要进一步梳理与提炼；二是还有好多工作没有完成或是有待完善，这让我更清楚今后工作的重点与难点所在。

二、书后的那些人

还是手握这本淡绿色的书册，在校对书稿的时日里，越发觉着难以尽情了，只因这本书凝结了太多太多人的努力与关爱。样书拿到后，我与三名书系编辑部张丽芳老师联系，增补了这篇后记，以聊表我未尽之意绪。

在这里我要感谢各级主管以及教育部门、教师发展中心同志们的重视与支持，如此才有书籍面世的机缘。

感谢园长工作室伙伴们的关心与帮助，感谢高校专家、教师的指导与点拨，提醒我履行好应尽之责，不断提升专业水平与素养。

感谢我身边的亲人与朋友，他们虽对我所做之事不尽了解，但我在他们温暖的目光里书写，在他们切切的叮咛中作为……是他们给我自由思想的翅膀，给了我心灵栖息的港湾。

我还要感谢我的同事以及各位同仁，因为他们才是书中故事的主角，他们才是此书精要的注解。可以说，书中罗列的林林总总与其说是写出来的，还不如说是做出来的，他们将叮叮当当的欢笑化作火焰，擦亮点点滴滴的凡间小事，点亮惠州市机关幼儿园的"悠时光"。古言："指穷于薪，火传也，不知其尽也。"此时想起如此这般，不禁涌起万千感慨。

最后不得不说的是，我本不是喧哗之人，但时常为"向悠而行"这个书名而得意，撰稿期间书名曾经做过改动，原名为"悠然而为"，后改为"向悠而行"。我自鸣得意这英明之举，因为它更好地表达了作者——一个一辈子只做一件事的犟丫头之本意与初心——向悠而行，向着悠之方向就这样美丽而从容地一直走下去，从春走到秋，越过青丝到白头。

于鹅城不二轩
庚子年荷月
（2020年6月）